馬奈木厳太郎
土地規制法を廃止にする
全国自治体議員団

〈徹底検証〉

住民・市民を監視する
土地規制法

かもがわ出版

〈表紙写真〉

首里城の東のアザナから見る那覇市街の風景（沖縄県）
by jyapa
嵐山から見た旭川市の風景（北海道）
by MOMOTAROU
Sado Island（新潟県佐渡島）
by Claude Jin

（Adobe Stock）

まえがき

２０２１年6月16日未明、参議院本会議において、土地規制法案は可決、成立しました。第２０４回国会の閉会当日に、政府与党が押し切る形での成立でした。

国会審議を通じて、法案には多くの問題点があることが浮き彫りとなりました。審議をすればするほど問題点が噴出してくる、そのような審議のありさまでした。にもかかわらず、政府与党は、衆参通じても20時間余の審議時間で成立を急ぎました。

その2日前の6月14日、私は、参議院内閣委員会において、参考人として法案の問題点を指摘していました。参考人として3人が出席したのですが、いずれの参考人も問題点を指摘し、懸念を示していたにもかかわらず、参考人質疑をまるで法案可決のための通過儀礼であるかのように、その直後から採決に向けた動きが具体化し始めました。まさに、国民的な関心と批判が徐々に広がりつつあるなかでの強行でした。

こうした政府与党の強行に対して、国会の外からも反対の声があがりました。その一つが、「土地規制法を廃案にする全国自治体議員団」です。超党派の地方自治体議員が、法案審議の段階から廃案を求めて声をあげ、約１５０名の議員が賛同しました。可決されてからは、「廃案にする」から「廃止にする」に改称し、引き続き活動を続けています。

本書は、この議員団との共同作業によって生まれたものです。

本書では、第一部で、法案として国会に提出されるまでの経過、土地規制法の問題点、土地規制法を支える発想や考え方の問題点、今後の取り組みの方向性などについて論じており、第二部は、地方自治体における議員の取り組みを座談会とレポートで取りあげています。最後に、法律の全文その他の資料を掲載しています。

なお、土地規制法の正式名称は、「重要施設周辺及び国境離島等における土地等の利用状況の調査及び利用の規制等に関する法律」といいますが、本書第一部では土地規制法については単に「法」と記していますし、第二部では、それぞれの議員が独自の名称を使用しています。ご了承ください。あわせて、第一部の各章の冒頭では、関連する条文を掲示していますので、参照していただけたらと思います。

土地規制法は、どこから切っても憲法違反というべき悪法です。本書が、こうした土地規制法の問題点を知り、廃止に向けての取り組みの一助になれば、筆者として大変ありがたいです。

なお、本書の出版に際しては、かもがわ出版の松竹伸幸さんには大変お世話になりました。記して謝意を表します。

２０２１年10月　筆者を代表して　馬奈木厳太郎

〈徹底検証〉住民・市民を監視する土地規制法●もくじ

第一部

土地規制法の廃止が求められるこれだけの理由

馬奈木厳太郎

1、国会に提案されるまで

(1)法案を推進してきた人々の問題意識

この法律が法案として国会で審議されている最中、しばしば「なぜいまこうした法案が国会に提出されるのか?」という質問をいただくことがありました。おそらく多くの人にとって、今回の法案は唐突な印象を与えるものだったと想像します。自衛隊や米軍基地の周辺について、土地などの利用状況を調査するなんて、「なんでそんなことが必要なの?」という感じになると思います。

一方で、今回の法律を推進してきた人たちからすれば、約10年かけて取り組んできたことが立法化されるということで、「ようやく」というのが率直なところだろうと想像されます。こうした人たちからすれば、「なぜいま?」ということにはなりません。

そこで、推進してきた人たちの問題意識などを確認することにしてみましょう。そこには大きく次の4つがあろうかと思います。

① 自衛隊や米軍、海上保安庁などの施設を守らなければならない
② 国境など離島の島々を守らなければならない
③ 水源地や森林などの土地を守らなければならない
④ ①に加えて、原発や空港などの施設も守らなければならない

①は、安全保障に関心がある人たちのなかでは、防衛にかかわる施設の安全を確保することは常識に属することで、むしろいままで特別の対策をとってこなかった方が問題だということになります。外国でもいくつかの国々では、基地の周囲の土地取引などに規制をかけていることもあり、そうした規制は日本でも必要だという発想です。

②は、人が居住している島々はもちろん、無人の島であっても、個人が所有していれば売買の対象とされうることから、こうした売買によって、日本にとって好ましくない人が所有者になる危険性があること、また不動産登記は必ずしも実態を反映していないことから、真実の所有者が誰であるかを領土保全の観点からも把握しておく必要性があるという発想です。竹島が韓国によって実効支配され、尖閣諸島をめぐっても中国海軍の動向が懸念されること、尖閣諸島の国有化などが、こうした問題意識を強める要因にもなったと思われます。

③は、人口増加や気候変動、各国の経済成長などから、水資源やエネルギーの確保をめぐっては世界的な問題となっており、経済安全保障の観点からも、水資源などが外国勢力にわたることがないよう対策をとらなければならないという問題意識です。この点については、国土利用計画法に基づく一定面積以上の土地取引を行った場合の知事に対する届出や、２０１１年の森林法の改正により、「地域森林計画の対象となつている民有林について、新たに当該森林の土地の所有者となつた者は、農林水産省令で定める手続に従い、市町村の長にその旨を届け出なければならない」（第10条の7の2第1項）とされ、森林の所有者は届出を出すことになりましたが、これらでは十分にカバーできないという評価があることになります。なお、水源地に関しては、２０１２年に北海道が他の自治体に先駆けて、「北海道水資源の保全に関する条例」を制定し、水資源保全地域内の土地に関する権利を有している者が、その土地の権利の移転などをしようとするときは、契約の３か月

前までに届出をしなければならないとしました。面積の基準はないので、面積が小さくても届出の対象となり、届出を受けた道は、関係する市町村の意見を聴いたうえで、届出者に助言を行うことになっています。北海道と同様に、水資源や水源の保全を目的に土地取引行為の事前届出制度などを定めている条例は、現在では、秋田県、山形県、埼玉県、京都府、宮崎県など15以上の府県にのぼります。

④は、①だけを対象とするのでは十分ではなく、原発や空港、その他のインフラ施設などについても施設の安全が確保されるべきだという考えです。国民保護法が制定され、そこでは生活関連施設として、電気や水道、ガス、通信、港湾などのインフラ施設が対象となっていることから、こうした施設が念頭に置かれています。

(2)政府提出法案になったことで加速された

以上のような問題意識を有する人々は、これまでにも議員立法や個人の見解などの形で法制化を主張してきました。その内容は、今回の法案に共通するものも多く、あるいは今回の法案以上の内容を含むものもありました。

今回は、これまで議員立法や個人の見解として提案されていたものが、政府提出法案（閣法）の扱いになったことで、一気に立法化の現実味が高まりました。

そこでは、①～④の問題意識が合流し、合体化されることになりました。ただし、合流するにあたって、様々な力学が働いたことから、それぞれの問題意識が貫徹されているわけではありません。たとえば、①や④については、今回の法案では土地取引に関する許可制とはなっておらず、取引自体は有効ですから、安全確保の観点からは不十分という評価になるでしょうし、③については、水源地などは重要施設の対象とはなっていないので、対象の拡大が今後の課題と認識されることになろうかと思います。

２０２１年３月26日、今回の法案を閣議決定し、政府提出法案（閣法）として国会に提出されることが決まりました。

２、法整備の必要性がない

法整備を必要とする事情のことを「立法事実」といいますが、この法律については立法事実がありません。これは、この法律の最大の欠陥です。

法整備を推進する人々は、北海道苫小牧市や長崎県対馬市の自衛隊基地周辺の土地が外国資本によって購入されたことを問題視し、地元から不安の声があがっていることを法整備の根拠として挙げてきました。

購入された土地の事例とは、具体的には、北海道の場合、航空自衛隊千歳基地から約３キロ離れた苫小牧市の土地が、２０１４年に香港資本によって購入されたというものでした。また、長崎県の場合、海上自衛隊対馬防衛隊に隣接する土地が、２００７年~２００８年に韓国資本によって購入されたというものでした。

こうした外国資本による自衛隊基地周辺の土地購入が、安全保障上のリスクだというのが、法整備を推進する人々の法整備を必要とする最大の根拠でした。

しかし、防衛省は、全国約６５０の「防衛施設」に隣接する土地を調査した結果、「現時点で、防衛施設周辺の土地の所有によって自衛隊の運用等に支障が起きているということは確認をされていない」（２０２０年２

月25日、衆院予算委員会第8分科会）としていて、具体的なリスクがあるわけではありません。法案審議の際も、防衛省は、「隣接地調査の結果として、防衛施設周辺における土地の所有等により自衛隊や米軍の運用等に具体的に支障が生じるような事態は確認できておりません」との答弁を繰り返しました。

こうした答弁もふまえ、野党議員からは、立法事実があるのかという質問が次々となされました。２０２１年5月21日の質疑において、担当大臣は、「リスクが確かなものかどうかをしっかりと調査をするということが一つの大きな目的となっております」と答弁し、5月26日の質疑では、立法事実を探していく法案なのかとの質問に対し、「探していかなければならないという意味も含めて、何があるか分からないことについて調査をしっかりと進めていかなきゃならないということであります」と答えました。この答弁には、質問者も、「大臣はすごく正直でいらっしゃいますから、何があるか分からないから調べてみようと」と応ぜざるを得ませんでしたが、安全保障上のリスクなるものの実態がなく、あたかも立法事実を探すための法案であることが明らかになった瞬間でした。

また、地元から不安の声があがっているという点についても、航空自衛隊千歳基地の地元である千歳市や、海上自衛隊対馬防衛隊の地元である対馬市の議会から、安全保障上のリスクになっているといった趣旨の意見書があがっているわけではないことが、法案審議を通じて明らかになりました（法案審議の時点で意見書を提出していたのは、和歌山県議会や熊本県議会など16件）。

さらに、この法律自体が、区域指定について、施設周辺概ね3キロとするのではなく、概ね1キロとしていることからも、北海道苫小牧市の購入された土地を指定対象に初めから含むつもりがないわけで、こうしたことからも政府自身が安全保障上のリスクだと認識していないことが窺えます。

外国資本による土地などの購入が、安全保障上のリスクになるという発想は、周辺国に対して不安を覚えている人たちにとっては、それなりに説得力のある話のようにも聞こえますが、外国資本というだけでリスクだと評価する考え方は、外国という属性に着目するものであり、極端化すると敵か味方か、同質か異質かという二項対立を煽ることにもなりかねません。現実にも、国境を越えた経済活動や人的な交流は進んでいるのであって、こうした考え方が強まると、周辺国との間で対立を激化させることにもつながりかねず、かえってその方が長期的にはリスクになると思われます。

3、日本全土のどこでも区域指定される

関連条文
第2条、第5条、第12条

(1)区域指定される重要施設とは何か

法は、第2条2項で、重要施設として、次のものを挙げています。

・自衛隊や米軍の防衛施設
・海上保安庁の施設
・生活関連施設

このうち、生活関連施設については、「国民生活に関連を有する施設であって、その機能を阻害する行為が

行われた場合に国民の生命、身体又は財産に重大な被害が生ずるおそれがあると認められるもので政令で定めるもの」としています。

また、法は、第2条3項で、国境離島等として、次のものを挙げています。

・領海及び接続水域に関する法律第1条第1項の海域の限界を画する基礎となる基線を有する離島
・有人国境離島法第2条第1項に規定する有人国境離島地域を構成する離島

有人国境離島法とは、「有人国境離島地域の保全及び特定有人国境離島地域に係る地域社会の維持に関する特別措置法」という長い名称の法律のことで、この第2条1項に規定される離島には、沖縄県の人が居住する島(有人島)は、沖縄島も含め全て対象に含まれています。

法第5条では、内閣総理大臣は、重要施設の敷地の周囲概ね1キロの区域内と、国境離島等の区域内の区域で、重要施設の施設機能や国境離島等の離島機能を阻害する行為の用に供されることをとくに防止する必要がある土地等について、注視区域として指定することができると定められています。注視区域を指定する場合には、内閣総理大臣は、予め関係行政機関の長と協議するとともに、土地等利用状況審議会の意見を聴かなければならないことになっていますが、「協議」、「意見を聴かなければならない」という規定からもわかるように、長や審議会が内閣総理大臣の判断を覆せるわけではありません。注視区域が指定されると、その区域は官報で公示され、公示によって区域指定の効力は生ずることになります。公示をしたら、内閣総理大臣は、速やかに、その指定された区域などについて、関係地方公共団体の長に通知しなければならないとされています。

また、内閣総理大臣が、注視区域を指定すると、土地等の利用実態の調査などができるようになります。その意味では、どこが区域指定の対象となるのかは、極めて重要な問題です。

自衛隊や米軍などの防衛施設は、対象として明確ですが、生活関連施設は「政令で定める」とされており、明確ではありません。政令とは、内閣が定める命令で、国会が制定に関与することはありません。

法案審議の段階では、生活関連施設として想定される対象には、原子力発電所と軍民共用空港が挙げられていました。ただ、条文上は生活関連施設として何が対象となるのかについては、政令で定めるとしかしておらず、特段の限定がないことから、審議では原子力発電所と軍民共用空港のほかに想定されているものがないのかが議論となりました。

この点、国民保護法（武力攻撃事態等における国民の保護のための措置に関する法律）第102条においても、同様に生活関連施設に関する規定があり、その施行令において、生活関連施設として、発電所（最大出力5万キロワット以上のもの）、変電所（使用電圧10万ボルト以上のもの）、ガス工作物、水道用水の取水、貯水、浄水のための施設、配水池（1日につき10万立方メートル以上の水を供給する能力を有するもの）、駅（1日当たりの平均的な利用者の人数が10万人以上であるもの）、電気通信の交換設備、放送局、港湾施設、空港、ダムなどを定めていることから、施行令との異同が質されることになりました。

これに対し、政府は、「現時点では、鉄道施設でございますとかあるいは放送局などのインフラ施設につきましては生活関連施設として政令で定めることは想定してございません。ただし、どのような施設を生活関連施設として本案の対象とするかにつきましては、この先の国際情勢の変化あるいは技術の進歩等に応じ、柔軟かつ迅速に検討を続けていく必要があるものと考えてございます。その結果として、将来的にそれらの施設を生活関連施設として政令で定めることはあり得る」と述べ、将来的には原子力発電所と軍民共用空港以外の施設にも拡大させる可能性を認めました。政府の判断次第で、国会の関与もなく政令を改定することで、日本全土どこでもが調査対象となりうることを、政府自身が認めたことになります。

(2)どこを指定するのか公表しない理由

また、生活関連施設の対象が限定されていないことに加えて、政府は、自衛隊や米軍、海上保安庁の施設について、注視区域や特別注視区域の要件に該当する施設リストを公表することも拒否しました。政府は、「リストを公表した場合、防衛省が特に守りたい自衛隊の施設の数や配置が総体的に把握され、自衛隊の能力をより容易に推察することが可能になるものと考えてございます。また、自衛隊の各施設の役割とその重要性は安全保障環境の変化に応じ変わり得ることから、防衛省が全国で特に守りたい重要な施設の現時点の配置を示せば、我が国の防衛戦略構想の一端を示すことにもなりかねないと考えてございます。これらの安全保障上の懸念を踏まえ、現時点の自衛隊施設の注視区域及び特別注視区域の候補リストを公にすることは差し控えさせていただきたいと考えておるところでございます」と述べ、自衛隊の能力や防衛戦略構想が推知されることを拒否の理由に挙げましたが、区域指定された場合には官報で公示されることになっており、こうした答弁は詭弁としかいいようがありません。

内閣委員会の理事会にはリストをもとに施設を例示したペーパーが配布されたとのことで、それらによれば、防衛施設関係としては、注視区域が400か所以上、特別注視区域は100か所以上が法定要件を充たすとされており、特別注視区域についていえば、指揮中枢機能または司令部機能を有する施設として市ケ谷、朝霞、横須賀、横田など、警戒監視、情報機能を有する施設として与那国、対馬、稚内など、防空機能を有する施設として八雲、霞ケ浦など、離島に所在する施設として奄美、宮古島、硫黄島などがそれぞれ示されていました。

対象となる施設は、首都圏はじめ、北海道から沖縄にまで及ぶもので、影響を受ける人々は数百万人規模になると予想されます。リストを公表しなかったのは、公表することで影響を及ぶ範囲が明らかになることによって、法案に反対する声が大きくなるのをおそれたのではないかと私は考えています。

(3)沖縄県は全域を指定することが可能

国境離島等については、先ほど紹介したように、沖縄県の人が居住している島（有人島）は全て国境離島等に含まれているので、内閣総理大臣がその気になれば沖縄県全域を区域指定することができます。そうなると全県民が調査対象ということになります。

また、沖縄県全域を区域指定しないまでも、沖縄島の中部などでは、嘉手納基地や普天間基地をはじめ、米軍基地が次々と重要施設として指定されれば、かなり広範な地域が注意区域や特別注視区域となります。

さらに、宮古島や石垣島などでは、島内に自衛隊施設やその建設予定地がありますが、これらを個別に重要施設として指定する方法ではなく、島全体を区域指定する可能性も否定できません。そうなると、全島民が調査対象ということになってしまいます。

(4)不動産価格の下落も予想されるが

特別注視区域に指定されると、重要事項説明の対象になるとされており、宅地建物取引士は売買契約にあたって説明を行うことが義務づけられます（注視区域については、今後検討する予定です）。注視区域に含まれる可能性があるということになれば、調査対象となり、場合によっては報告などを求められることもありうるわけで、そうしたことを嫌ったり、面倒だと考える人が増えれば、不動産価値が下落するなどの影響が出ることも考えられます。この点については、法案審議の場でも議論になりましたが、政府は価値下落について補償する考えはないと明言しています。法による影響にもかかわらず、何らの手当てもしないというのも、この法が抱える問題の一つです。

4、限定のない調査

関連条文
第3条、第8条、第13条、第27条

(1)思想・信条に関する調査も排除されない

法第6条では、注視区域と指定されると、「内閣総理大臣は、注視区域内にある土地等の利用の状況についての調査（次条第1項及び第8条において「土地等利用状況調査」という。）を行うものとする」とされ、内閣総理大臣は、土地等の利用実態について調査することできるようになります。

そして、法第7条1項では、「内閣総理大臣は、土地等利用状況調査のために必要がある場合においては、関係行政機関の長及び関係地方公共団体の長その他の執行機関に対して、当該土地等利用状況調査に係る注視区域内にある土地等の利用者その他の関係者に関する情報のうちその者の氏名又は名称、住所その他政令で定めるものの提供を求めることができる」とし、内閣総理大臣は、調査のために必要がある場合、関係行政機関の長などに対し、「注視区域」とされた土地等の利用者らの氏名や住所などの情報提供を求めることができるとされ、法第13条で規定される「特別注視区域」の特定重要施設周辺の土地取引については、事前の届出も義務づけるとされています。

ここでは、そうした提供される情報の対象や、あるいは届出をしなければならない内容を誰がどういう手続で決めるのかという点が重要ですが、法は、提供の対象となる情報は政令で追加でき、届出内容も内閣府令で追加できるとしており、広範な裁量が、国会のチェックが及ばない形で、政府や内閣府に与えられることになっています。

内閣総理大臣が土地等の利用実態を調査する目的は、施設機能や離島機能を阻害する行為を防止するためです。したがって、調査内容は、機能阻害行為につながるような利用実態の有無を確認することになりますし、その判断に必要とされる範囲で調査は行われることになるはずです。

そうしたことからすれば、条文上は、氏名や住所などが列挙されていますが、それだけでは機能阻害行為につながるような利用実態かどうかを判断することは困難ですから、戸籍や国籍、職歴に加えて、プライバシーと衝突する、あるいは思想・信条に立ち入るような調査がなされる危険性があります。対象を限定する規定がないことから、調査項目が歯止めなく拡大し、裁量が濫用されることにならないのか、懸念されるところです。こうした懸念に対して、「個人情報の保護に十分配慮しつつ」、「必要な最小限度のものとなるようにしなければならない」（第3条）との規定が設けられてはいますが、歯止めとなるための具体的な担保は、条文上は何もありません。

そして、こうした懸念が杞憂かといえば、現に、自衛隊は、イラク派兵に反対する市民活動を監視し、個人の氏名や職業、支持政党まで情報を収集・保有していたことについて、裁判所から違法だと判断され、賠償を命じられたという過去を有していることは、看過されるべきではありません。こうしたことが二度と起こらないと、言い切れるわけではないのです。

(2)「関係者」も調査できるが、その定義がない

調査内容に続けて、誰が調査対象となるのかも重要です。

この点、土地規制法といった略称のイメージから、土地や建物の所有者の人が調査対象だと思っている方も少なくないようですが、実際にはそうではありません。所有者の人だけでなく、賃借人の人も含まれます。さらには、所有者や賃借人の人にとどまらず、それらの関係者の人も、調査対象となる場合があります。

先ほど紹介した法第7条1項では、内閣総理大臣は、「必要がある場合」には、「その他の関係者」に関する情報の提供を求められることになっています。また、法第8条では、内閣総理大臣が、「なお必要があると認めるときは」、「その他の関係者」に対し、報告や資料の提出を求められることになっています。しかも、提出しなかったり、虚偽の報告や資料を提出した場合には、30万円以下の罰金と、処罰も予定されています。

おそろしいのは、法のどこを探しても、「関係者」の定義がないことです。結局、「土地等利用状況調査のために必要がある」とされてしまえば、「関係者」ということになってしまうわけで、内閣総理大臣の判断にかかっていることになります。そうしたことからも、関係者の範囲は無限定に広がる危険性があります。概ね1キロといった距離的な限定もありませんから、1キロ以内に居住していない人も対象に含まれることになります。

(3)「密告」的な調査まで許容されている

調査方法についてはどうでしょう。

先ほど見た法第6条、法第7条1項、法第8条の条文には、調査方法について何かしら限定するような規定はありません。法案審議の際、政府は、「不動産登記簿等の公簿の収集による氏名、住所、国籍など、土地等の利用者等の把握だけでなく、現地・現況調査や報告徴収を通じた土地等の利用実態の把握、特別注視区域における事前届出制度を通じた土地等の買手の利用目的の把握などを行う」と答弁しており、公開されている情報の収集や報告などの方法に加えて、現況調査を行うことを明言しています。

また、政府は、「重要施設を所管又は運営する関係省庁、事業者や地域住民の方々から機能阻害行為に関する情報を提供いただく仕組みも今後検討する」とも答弁しており、行政機関や地方自治体にとどまらず、事業者や地域住民などの第三者から情報を得る仕組みを検討する方針も明らかにしています。政府は、これを「土地利用状況調査の一環」としていますが、まるで「密告」を推奨するような手法であり、法第6条の範囲を超えるものといわざるをえません。

実は、こうした「密告」的な手法はすでに用いられていて、今回が初めてという訳ではありません。法務省の外局である出入国在留管理庁は、「出入国在留管理庁では、安全で安心な社会の構築のため、不法滞在・偽装滞在する者への対策を積極的に取り組んでおり、広く一般の皆さまから、情報を受け付けています」として、同庁のサイトで、情報提供を呼びかけています（http://www.moj.go.jp/isa/consultation/report/index.html）。サイトには、「情報提供者本人のお名前などの個人情報や情報内容が、外部に漏洩することがないようセキュリティには万全を期しております」と記され、メールでも情報提供できることになっています。情報受付の画面を開くと、「働いている場所の情報」や「住んでいる場所の情報」を選択肢で選べるようになっており、入力する側の名前や住所、電話番号などの入力は任意とされ、入力しないでも構わないことになっています。根拠となる事実や資料などを記したり、添付する必要もありません。こうした形での情報受付のページが存在すること自体、ある種の気持ち悪さを感じないわけにはいきませんが、同様のものが作成されないという保証はありません。

さらに、調査によって得られた情報について、政府は、「内閣総理大臣は、目的を達成するために必要があると判断させていただきました場合には、本法案に基づき収集した土地等の利用者等に関する情報について、関係行政機関等の協力を得つつ、所要の分析を行うこともあり得る」とし、個人情報が内閣府以外の行政機関との間で共有される可能性があることも明らかにしています。調査にあたっては、内閣府には沖縄を除いて地方支分部局がないことから、他の機関などに外部委託することも想定されており、個人情報保護の観点からも懸念が存するところです。

(4) 恒常的に調査対象になる

調査については、いつ調査をするのかも大切です。

この点、条文上は、調査期間や調査時点に関して、手がかりとなる規定は多くありません。わずかに、法第13条が、「所有権又はその取得を目的とする権利の移転又は設定をする契約を締結する場合」に、当事者は、内閣府令の定めに従い、内閣総理大臣に届け出なければならないとしています。

これは、特別注視区域に指定されている場合の規定です。注視区域の場合には、こうした規定は設けられていません。

諸外国では、たとえば、オーストラリアでは、外国人などが土地の権利を取得するにあたって、一定額以上の場合には政府への通知・承認が必要とされたり、韓国では、外国人などによる軍事基地・軍事施設保護区域やその他国防目的で制限する区域などの土地取得について、所在地を管轄する自治体の長の許可が必要とされたりすることがありますが、これらは事前許可のタイプであり、権利変動の際に調査がなされることになります。

一方、今回の法では、何を調査するのかといえば、機能阻害行為のおそれの有無ということになるので、権利変動の際の調査だけでは不十分ということになります。結局、恒常的な調査が必要だということになり、調査期間について限定が付されないことになります。住民は、こうした調査を受忍しなければならない建付けとなっています。

5、あいまいな基準の規制

関連条文
第4条、第9条、第25条

(1)2年の懲役だがどんな行為が罰されるのか不明確

法第9条1項は、「内閣総理大臣は、注視区域内にある土地等の利用者が当該土地等を重要施設の施設機能又は国境離島等の離島機能を阻害する行為の用に供し、又は供する明らかなおそれがあると認めるときは、土地等利用状況審議会の意見を聴いて、当該土地等の利用者に対し、当該土地等を当該行為の用に供しないことその他必要な措置をとるべき旨を勧告することができる」としており、内閣総理大臣は、機能阻害行為またはその明らかなおそれがあるときには、「必要な措置」をとるよう勧告することができるとしています。

続けて、同条2項は、「内閣総理大臣は、前項の規定による勧告を受けた者が、正当な理由がなく、当該勧告に係る措置をとらなかったときは、当該者に対し、当該措置をとるべきことを命ずることができる」としており、勧告に従わない場合には、命令を出すことができるとしています。

そして、法第25条では、「第9条第2項の規定による命令に違反したときは、当該違反行為をした者は、2年以下の懲役若しくは２００万円以下の罰金に処し、又はこれを併科する」と定めており、命令に従わない場合には、罰則が予定されています。

このように、土地や建物の利用者に対して、機能阻害行為またはその明らかなおそれがある場合に、土地や建物の利用に規制をかけることが予定されているので、機能を阻害する行為とはいったいどのような行為を指すのかという点は大変重要になります。

この点、法案審議の際、政府は、「機能阻害行為については、安全保障をめぐる内外情勢や施設の特性等に応じて様々な対応が想定されることから、どのような行為が機能阻害行為に当たるかを一概に申し上げることは困難でございます」としたうえで、「予見可能性の確保をするという観点から、想定される機能阻害行為につきましては、閣議決定させていただきます基本方針において可能な限り具体的に例示する」との答弁に終始し、何が機能を阻害する行為なのかについて具体的に特定することを拒否し続けました。

政府がいうところの基本方針というのは、法第4条2項4号に規定されているもので、「注視区域内にある土地等の利用者（所有者又は所有権以外の権原に基づき使用若しくは収益をする者をいう。以下同じ。）に対する勧告及び命令に関する基本的な事項（当該勧告及び命令に係る重要施設の施設機能又は国境離島等の離島機能を阻害する行為の具体的内容に関する事項を含む。）」のことを指しています。「勧告及び命令に関する基本的事項」は基本方針として閣議決定されることになっているので、そこで何が機能阻害行為なのかについても例示されることになる、というのが政府の答弁です。

しかし、基本方針で示されるのは、あくまでも例示であって、機能阻害行為の全てではありません。機能阻害行為の解釈によっては、基地周辺での座り込みや集会なども機能阻害行為と判断され、そうした基地建設反対や基地監視活動など、憲法上保障された活動にも法が適用されるのではないかとの懸念もあったことから、法案審議の場ではこの点について質問が多くなされました。

たとえば、いかなる行為が処罰対象となるのかについて、その判断基準が条文から読み取れなければならないという、明確性に関する最高裁判決なども示しながら、この規定の仕方では明確性が確保されないのではないかという質問もなされました。

政府は、「特定の行為を普遍的な機能阻害行為として法案に例示することは必ずしも適当ではない」、「機能阻害行為については、予見可能性の確保の観点から、閣議決定する基本方針において、想定される行為を具体的に例示をする」としましたが、司令部機能を阻害する行為とは何を指すのかとの質問には、「本法案におきます機能阻害行為につきましては、安全保障をめぐる内外情勢や施設の特性等に応じて様々な対応が想定されるため、一概にお示しすることは困難である」と答弁したため、「司令部機能を阻害することはどういう行為ですかというふうに聞いたら、一概には答えられないと。これじゃ、予見可能性なんて誰も持てない」と追及されることになりました。

これに対し、担当大臣は、「命令を行う前に勧告をすることになっております。この勧告を行う際に、土地等の利用者に対して、どの行為が機能阻害行為に該当しているのか、これは明示的に示されることになります」

と答える始末で、勧告されるまではわからないということが明らかになりました。

刑罰を予定する場合、どこからがアウトで、どこまでがセーフなのか、事前にその基準が明らかであることは、罪刑法定主義の考え方からしても、大原則にかかわる問題です。今回の法は、この点で全く明確だとはいえず、法律の体をなしていないといわざるをえません。

もちろん、法律が政令や省令など、下位の法令に一定の事項を委ねることはあります。日本国憲法も、第73条6号において、「この憲法及び法律の規定を実施するために、政令を制定すること。但し、政令には、特にその法律の委任がある場合を除いては、罰則を設けることができない」としており、法律の委任がある場合には、政令で罰則を設けることも許容しています。しかし、ここでいう法律の委任とは、専門的、技術的な事柄であったり、事務的なものを指すのであって、包括的に委任することは含まれていません。今回の場合、まさに何が機能阻害行為にあたるのか、包括的に閣議決定される基本方針に委ねており、法律の委任の限界を超えているといわざるをえません。

(2)自民党は基地反対運動にも適用せよと要求

規制の基準について述べてきましたが、こうした規制を誰が受けることになるのか、その対象が誰なのかという点についても、若干述べておきたいと思います。

規制の対象として、基地建設反対や基地監視などの活動、原発再稼働反対の活動などにかかわる人たちも含まれるのではないのか、そのような活動にも法が適用され弾圧の道具となるのではないかということが、国会でもたびたび取り上げられ、メディアでも懸念が示されてきました。

この点、法案審議では、単なる座り込みを続けている場合には適用がないという担当大臣の答弁以上には、明確な答弁はなされていません。

一方で、自民党の杉田水脈議員からは、「全国から派遣される反対派の人々によって起こる交通渋滞や、プラカードを持った活動家が道路を占拠するなどによって救急車などの緊急車両の通行の妨げになるなど、そういった影響も耳にしております。また、フェンスに結ばれたリボンやガムテープで留められた横断幕、そして派遣された人々に支給されているお弁当のごみなどが風に飛ばされるなどして基地の中に入ってしまうことも十分に考えられます。不法占拠による座込みや道路交通法を無視した抗議活動についても、本来であれば、この法案によらずとも取り締まることができる行為でありますが、本法案に照らしてみても、一見して直ちに重要施設の機能を阻害しているように見えなくても、そこから派生する影響等も十分に考慮して、本来の目的を果たしていただきたい」と発言し、辺野古での座り込みなどに対しても、法を適用すべきだとしました。

法第9条は、規制を受ける対象者について、「土地等の利用者」としています。「土地等」とは、法第2条1項において、「土地及び建物をいう」とされています。そして、「利用者」とは、法第4条2項4号において、「所有者又は所有権以外の権原に基づき使用若しくは収益をする者をいう」とされています。所有権以外の権原というのは、賃貸借契約や借地契約などの契約に基づくということを指しています。つまり、土地や建物の所有者や賃借人などが、「利用者」ということになります。

基地のゲート前などでの座り込みを例に挙げれば、いわゆるゲート前の道路というのは、県道であったり、市道であったりするわけで、いずれにしても管理は県や市が行っています。そこに座り込みをした場合、そうした行為は県や市との契約（権原）に基づくわけではなく、座り込みをした人たちは条文でいう「利用者」には該当しません。担当大臣が、単なる座り込みを続けている場合には適用がないというのは、この趣旨のことを指しているものと考えられ、その限りでは担当大臣の答弁は条文に基づくものだといえます。

ただし、そうだからといって、基地建設反対や基地監視などの活動に対して、法が適用される余地がないのかといえば、そうとも言い切れません。この点については、後述したいと思います。

(3)実行行為以前に処罰する可能性を秘める「機能阻害」

規制に関しては、なぜ「機能」という文言を用いたのかも問題となります。

罰則を予定しているとき、一般的には罰則対象は行為として規定されます。たとえば、「人を殺したとき」とか「人の物を盗ったとき」というように、「何をしたら」ということが行為の形で規定されていますし、対象となる行為は明確でないといけません。

ところが、今回の法では、それが「機能を阻害する」という形で規定されていますから、具体的に「命を奪う」とか「財産を奪う」というのとは訳が違います。罪となる事実について、「機能」を鍵概念として罰則を設けるような法律は、私の知る限り過去に例がありません。

今回の場合、保護法益（法律が特定の行為を規制することによって保護しようとする利益）を「機能」にしたところに特徴があります。なぜそうしたのでしょうか。

私は、行為よりも前のもの、あるいは行為とは評価できないものを罪にしたいと考えたから、「機能」という概念を持ち出してきたのではないかと推測しています。つまり、時間軸を前倒しし、罪となる範囲を広げたいということです。多くの批判を集めた共謀罪（組織的犯罪処罰法）も、実行行為の前の計画、準備行為とされるものから罪としていますが、そうしたものと同じような発想なのではないでしょうか。行為と評価できない、それ以前の段階でも罪とするためには、それを望んでいる人たちからすると、「機能」というのは確かに使い勝手の良い概念だと思われるのです。
また、基地建設反対や基地監視などの活動をしている人たちに、何かしらの萎縮効果を与えたいと考える場合には、「ここからはアウト、ここまではセーフ」ということを明確に定めるよりは、あえて曖昧にしていた方が、萎縮効果としては大きいはずです。

6、巻き込まれる地方自治体

関連条文
第7条、第22条

(1)自治体保有の情報が目的外利用される

法では、地方自治体に一定の役割を課す規定がいくつか設けられています。実際、今回の法が動き出し、内閣総理大臣が調査などを行う場合、地方自治体の協力は不可欠だと考えられます。地方自治体にどのようなことが期待されているのか、確認してみましょう。

法第7条1項は、「内閣総理大臣は、土地等利用状況調査のために必要がある場合においては、関係行政機関の長及び関係地方公共団体の長その他の執行機関に対して、当該土地等利用状況調査に係る注視区域内にある土地等の利用者その他の関係者に関する情報のうちその者の氏名又は名称、住所その他政令で定めるものの提供を求めることができる」とし、同条2項は、「関係行政機関の長及び関係地方公共団体の長その他の執行機関は、前項の規定による求めがあったときは、同項に規定する情報を提供するものとする」として、地方自治体の長やその他の執行機関は、「氏名又は名称、住所その他政令で定める」情報を提供するものと定められています。

その他の執行機関とは何を指すのかということになりますが、市町村であれば教育委員会や選挙管理委員会、人事委員会などが該当します。そして、都道府県であれば、さらに公安委員会や労働委員会、収用委員会なども含まれることになります。

地方自治体の長やその他の執行機関が提供する情報ですが、氏名や住所に加えて、「その他政令で定める」とされており、「土地等利用状況調査のため」という限定はあるものの、政令を策定しさえすれば、かなり広範な内容について、提供しなければならなくなります。

この点、地方自治体などが有する個人情報については、各地の自治体が、個人情報保護条例といった名称で、個人情報の保護と利用に関する規定を定めており、目的外の利用が原則的に禁止されているところですが、そうした条例には、「法令等に定めがあるとき」といった例外が定められています。そして、今回の法は、この「法令等」に該当することになりますので、目的外の利用が例外的に許されると解釈されることになります。

(2)情報提供だけでなく「その他の協力」も求められる

地方自治体に求められるのは、情報提供だけではありません。

法第22条は、「内閣総理大臣は、この法律の目的を達成するため必要があると認めるときは、関係行政機関の長及び関係地方公共団体の長その他の執行機関に対し、資料の提供、意見の開陳その他の協力を求めることができる」としています。

この条文は、さきほどの法第7条とはかなり内容が異なるものです。法第7条は、「土地等利用状況調査のため」という限定が一応はなされていましたが、法第22条は、「この法律の目的を達成するため」とされており、より広い目的が与えられています。

この目的とは何かといえば、法第1条で、「この法律は、重要施設の周辺の区域内及び国境離島等の区域内にある土地等が重要施設又は国境離島等の機能を阻害する行為の用に供されることを防止するため、基本方針の策定、注視区域及び特別注視区域の指定、注視区域内にある土地等の利用状況の調査、当該土地等の利用の規制、特別注視区域内にある土地等に係る契約の届出等の措置について定め、もって国民生活の基盤の維持並びに我が国の領海等の保全及び安全保障に寄与することを目的とする」とされており、「国民生活の基盤の維持並びに我が国の領海等の保全及び安全保障に寄与すること」とあることからも、かなり広範にわたることがわかります。ほとんど何でも目的になるといってもよさそうな感じです。

地方自治体に求められるものも、資料の提供、意見の開陳に加えて、「その他の協力」とされていることから、第1条の目的とあわせると、ほぼ無限定といってもいい内容になっています。要するに、内閣総理大臣が、「必要がある」と判断しさえすれば、地方自治体に対して協力を求めることができるという条文になっています。

日本国憲法は、第92条で、「地方公共団体の組織及び運営に関する事項は、地方自治の本旨に基いて、法律でこれを定める」としていて、地方自治の本旨に基づく運営を定めています。地方自治が憲法で保障されている意味は、政府によっても地方自治の本旨に反して地方自治体の組織や運営が妨げられない点にあります。その意味で、政府と地方自治体は、上下関係ではなく、対等の関係であるということは強調されるべきです。そして、このことは地方分権一括法でも明確にされています。

しかし、法第22条は、こうした対等の関係を前提にしたものとは到底思えない内容になっています。地方自治体が、あたかも内閣総理大臣の下請け機関であるかのような扱いになってしまっています。

(3)内閣総理大臣が求めれば首長が前面に立って行動する

法第22条によって、地方自治体の長は、具体的にどのような協力を求められることが考えられるでしょうか。たとえば、基地や原発のゲート周辺にテントなどの工作物が設置されている場合で、その用途などに照らして、法の目的を達成するために必要だと判断されるようなときには、その土地が県や市の管理に属するものであれば、内閣総理大臣は、知事や市長に対し、工作物の撤去を命じることができるようになります。

あるいは、都道府県には執行機関として労働委員会がありますが、労働委員会の業務の一つには労働組合の資格審査があり、そうした業務を行う関係から、労働委員会は組合員に関する情報を保有しています。したがって、内閣総理大臣が、法の目的を達成するため必要だと判断すれば、労働委員会に対して、組合員に関する情報の提供を求めることができます。

工作物の撤去や、組合員に関する情報の提供が、法の目的を達成することとどのような関係にあるのか、法の目的を達成するのにどの程度必要であり意味があるのかといったことが、外部からは検証のしようがなく、第三者によるチェックが入らないというのが、法第22条です。

内閣総理大臣が法の目的を達成するために必要だといったん判断してしまうと、それを止める手立ては準備されておらず、内閣総理大臣の良識を信じるしかないという建付けになっています。

しかも、内閣総理大臣は、地方自治体の長や執行機関に対して、「協力を求める」という形になっていて、実際に撤去や提出を行うのは内閣総理大臣ではありません。内閣総理大臣は後ろに隠れる形で、地方自治体の長などが、自らの意思や判断ではなく、内閣総理大臣の意を体して前面に立たざるを得なくなるのです。内閣総理大臣の意向と、それに反発する市民との間で、地方自治体の長などが、自らの判断に基づく行動を制約され、内閣総理大臣の下請け機関として行動することを強いられることになってしまえば、何のための、誰のための地方自治体なのかということにもなります。極めて問題の多い条項です。

7、事実上の土地収用

関連条文
第11条、第23条

(1)所有者の意志に関係なく国が買取りを主導

法第23条は、「国は、注視区域内にある土地等であって、重要施設の施設機能又は国境離島等の離島機能を阻害する行為の用に供されることを防止するため国が適切な管理を行う必要があると認められるものについては、当該土地等の所有権又は地上権その他の使用及び収益を目的とする権利の買取りその他の必要な措置を講ずるよう努めるものとする」とし、国が所有権などの買取りその他の必要な措置を講ずるよう努めることを謳っています。

この規定は、勧告などによって土地や建物の利用に著しい支障が生ずるため、当該土地の所有者などが、土地の所有権などを買い取るよう申し出があった場合に、国は特別の事情がない限り買い取るとする法第11条の規定とは異なって、所有者などからの申し出を前提としていません。国の側から買取りなどを提案するという内容です。

申し出を受けた所有者などは、その申し出を拒否することはできることになっており、拒否した場合に収用などの手続が予定されているわけではありませんので、いわゆる土地収用とは異なるものです。

法案審議では、法第23条が適用される場面として、どのような場合を想定しているのかについて、踏み込んだ議論は残念ながら交わされませんでした。したがって、たとえば、「適切な管理を行う必要がある」とはどのような場面を指すのかとか、「その他の必要な措置を講ずるよう努める」とは具体的にどのような措置を想定しているのかといった、より詳細な内容については、現時点では判然としません。

そこで、規定から合理的に推測するしかないのですが、「適切な管理を行う必要がある」とは、重要施設の周辺の土地などについて、これを民有地としておくことが不適切であると考えられる場合などを指し、「その他の必要な措置」とは、賃借権や借地権の譲り受け、買取りの予約などが考えられるところです。

(2)国の申し出を拒否できると定められているが

この規定は、申し出を拒否することができることからして、土地収用よりもソフトな内容だと一般的には解されますが、しかし、拒否することができるとはされていても、拒否することが事実上困難な場合も考えられます。つまり、買取りの申し出自体が、土地の所有者などからすれば、ある種の圧力となる場合はありえます。

たとえば、自衛隊の基地建設などが進められていたり、建設の予定があったりする場合で、その土地が注視区域内にあったりするとき、基地予定地に含まれている土地の所有者に対して、土地の買取りの申し出がなされる可能性はあります。この場合、土地の所有者が、基地建設に反対しない人であれば、特段の問題は生じないと考えられますが、反対の立場の人であるときには、この申し出自体がどのような効果を生ずることになるのかは、一考を要します。

これに関しては、申し出が公表されることはないのかどうかも気になるところです。もし公表される場合には、メディアで取りあげられる可能性もありますし、周囲の理解や反応などによっては、所有者の判断に過度の影響を与える可能性があり、事実上の強制につながることになりかねません。

法第11条の場合とは違って、所有者からの申し出を前提としないだけに、国の「適切な管理を行う必要がある」の解釈次第では、恣意的な運用がなされる危険性があります。

8、法を支える考え方・発想について

これまでは、条文を手がかりに問題点について確認してきました。そこで、ここでは、法を支える考え方や発想について、いくつかの観点からみていきたいと思います。

(1)「安全保障」を理由にすれば説明不要でいいのか

まずは、安全保障とされるものが何よりも最優先で、そのためには他の権利や利益は後回しにされてもよい

という考え方についてです。

これまで述べてきたことからもわかるように、この法は、市民の権利を保障するというものではなく、政府に、とくに内閣総理大臣に権限を与える行政命令といった趣の内容となっています。一読してわかるのは、条文の基本的な構造が、４つの言葉から成り立っているということです。「内閣総理大臣」、「等」、「その他」、「できる」です。

たとえば、「内閣総理大臣」は、○○「等」について、○○「その他」の○○に対して、○○することが「できる」といった感じです。

「等」や「その他」という幅を持たせる表現が多いのが特徴です。なにより、「内閣総理大臣」という主語が圧倒的に多いです。28か条の条文のなかに、なんと33回も出てきます。その結果、この法律は、あたかも「内閣総理大臣の内閣総理大臣による内閣総理大臣のための法律」といった様相を呈しています。

内閣総理大臣は、広範な権限を有することになりますが、そのことは市民の権利が制限されることと表裏の関係にあります。そして、その権限は、特定され、具体的に限定されたものではなく、閣議決定や政令などによって拡張され、あるいは条文上の制約がないことから無限定なものであります。こうした権限が、安全保障のためという名目のもと、内閣総理大臣に付与されることになります。

このような包括的な権限の付与が許されてしまうのは、政府や議員の間に、安全保障上の必要性があるとされるものについては、市民の権利を制限しても構わないという単純な発想が根強いからだろうと考えられます。その際、とくに問題だと思われるのは、そして今回の法案審議においてその問題性は顕著でしたが、必要性の有無や程度と、制限される権利の性質や程度との較量ができない、あるいは著しくバランスが悪いという点です。

このバランスの悪さを実感していただくためには、みなさんにかかわる情報を政府に提供したり、自分たちの権利が一定程度制限されても構わないとみなさん自身が思える状況や事態を想像していただくのが適当ではないかと思います。現在の日本の置かれた状況がこういう状況であるから、自分たちのここまでの情報を政府に提供したり、この程度の権利は制限されても構わないと思えるかどうかは、置かれた状況の深刻さや切迫さと、自分にかかわる情報のデリケートさや重要度、制限される権利の性質や程度との比較較量によって決まってくるはずです。そうした比較較量をした場合、ここまで述べてきたような問題点をふまえたときに、そこまでの情報提供や権利制限をしなければならないような状況にいまの日本が置かれているのか、言い換えれば、自らの情報を提供したり、権利制限を受け入れたりすることにみなさんは納得できますか、ということでもあります。私自身は、とてもではないですが、そこまでの制約を受け入れなければならないような状況にあるとは思えません。明らかにバランスを逸していると思っています。

「有事」という考え方は、「必要性の前に法は無し」という格言もあるように、なんでもかんでも必要だということになりがちです。「安全保障のために必要だ」というフレーズがある種のパワーワードのように通用する社会は、決して健全とはいえません。

法案審議の際、「外国資本による土地購入」、「地元に不安がある」、「安全保障上のリスク」といったフレーズが多用されましたが、不安の中身も、どのようなリスクがどの程度あるのかについても、具体的に説明されることはありませんでした。審議が進むにつれ、「安全保障上の観点から差し控えたい」という表現を政府は連発するようになりました。新たな立法をしようとする場合、推進する側には、なぜそのような立法が必要なのかなど、国民の理解と納得を得るためにも、説明する責任があります。そうした説明を、「安全保障上の観点から差し控えたい」として一切明らかにしないのは、安全保障上の理由から明らかにできる範囲については限界があるとしても、法案の内容が政府に広範な権限を与えるものであり、市民の権利を制約するものである以上、果たすべき責任を尽くしたとはいえません。こうした審議の際の政府の姿勢は、法が抱える問題点に通ずるものでもあります。安全保障とされるものが何でも最優先という姿勢を改めさせる必要があります。

(2)属性に着目する発想は不寛容を正当化する

次に、特定の国や特定の国の人たちを潜在的な脅威とするような考え方についてです。

この法の提案理由は、「外国資本が自衛隊基地周辺の土地を購入している」、「地元で不安の声があがっている」というものでした。法自体は、外国人だけを対象にしているわけではありません。しかし、この法を必要だとする人たちには、こうした外国資本による土地購入について、これをリスクだとする考え方があることは押さえておく必要があります。

特定の国や特定の国の人たちをとらえて、「不安」や「リスク」だとする発想について、私たちはどのように考えるべきなのでしょうか。

こうした発想は、実は個人に着目しているのではなく、属性に着目する考え方です。しかも、国籍という大括りの属性に着目するものです。その人が何をしたのかということではなく、その人が何という集団に属しているかを問題にするという考え方です。こうした発想に基づき、特定の集団に対して「不安」や「リスク」だとする評価を与えて、その集団の構成員に対しても同様な評価を与えるということになります。

しかし、こうした発想は極めて差別的で危険なものだと考えられます。たとえば、「福岡県民の人は○○だ」とか、「弁護士という職業の人たちは○○だ」といった具合に、○○に否定的、消極的な評価を伴う言葉を置き換えて考えた場合、そうした発想がいかに不合理なものであるかは容易に理解していただけると思います。こうした考え方は、個人単位で一人一人の存在というものを大事にしようという考え方に立脚する日本国憲法とは相容れません。

ごくごく常識的に考えても、国内に目を向ければ、1つのテーマについても多様な考え方はあるわけで、政党支持にしても無数に色分けはなされます。それが、対外的な話になると、突然、「オール・ジャパン」対「オール・〇〇」のような二項対立に単純化されてしまい、それに何の違和感も覚えないのだとすると、その時点で二項対立という単純化された枠組みに絡めとられてしまっています。

福岡県民にも色々な人がいて、弁護士にも色々な考え方があるのと同様に、〇〇国の人にも色々な人がいて、色々な考え方があるはずです。〇〇だから怪しいというのは、ヘイトにつながる考え方です。

このように述べると、いやいや個人レベルでみればそのようにいえるかもしれないが、個人の考え方のレベルを超えたところで、たとえば法律で一定の方向に動くよう強制する場合もあるではないかとの反論が出されるかもしれません。そして、その例として、中国の国防動員法を挙げることもあるかもしれません。

そのようなものとして、自民党の高市早苗議員のブログが注目されるところです。2021年3月1日付の「安全保障と土地法制に関する10年余の取組」と題する投稿です（https://www.sanae.gr.jp/column_detail1296.html）。ここでは、土地規制法が政府提出法案（閣法）として国会に提出されそうとの見通しについて、「議員立法で提出してしまいますと、委員会での審議順が閣法の後になり、会期内成立は難しい場合が多いのですが、閣法であれば成立の可能性が高く、とても嬉しく思っています。自民党内では、約10年間、議論を重ねてきた課題だったからです」と語ったうえで、次のように述べています。

前年11月末まで『森林法の一部を改正する法律案』の起草作業に粘り強く付き合って下さった「日本の水源林を守る議員勉強会」のメンバーに再び参集をお願いして、２０１１年２月に改称して立ち上げたのが「安全保障と土地法制を研究する議員の会」でした。

当時の私が最も懸念していたのは、２０１０年２月26日に公布され、７月１日に施行された中国の『国防動員法』でした。

『国防動員法』は、第49条で「満18歳から満60歳までの男性公民及び満18歳から満55歳までの女性公民は、国防勤務を担わなければならない」とし、第26条では「必要な予備役要員を確保する」としていました。

外国在住の中国人も免除対象とはしておらず、国防勤務の対象者です。

また、企業経営者には予備役出身者が多いと聞いており、仮に日中間に軍事的対立が起きた場合には、中国資本系企業の日本事務所も中国の国防拠点となり得ますし、莫大な数の在日中国人が国防勤務に就くことになる可能性があります。

「外国在住の中国人も免除対象とはしておらず、国防勤務の対象者です」、「仮に日中間に軍事的対立が起きた場合には、中国資本系企業の日本事務所も中国の国防拠点となり得ますし、莫大な数の在日中国人が国防勤務に就くことになる可能性があります」という一文は、なかなか衝撃的です。

日中間で軍事的対立が起きることを想定するのも極めて不穏当ですが、「莫大な数の在日中国人が国防勤務に就く」というのは、いったい何を言いたいのでしょうか。日本にいる中国人の人たちが国内で蜂起するかもしれないと言いたいのでしょうか。

法律ができたことが強調されていますが、国防動員法は、中国国内で「法治」が強調されるようになってからも、軍事分野の法制化はあまり進展がなかった分野だとされており、そうしたなかで、「今回の国防動員法の制定は一連の国防関連法の整備の流れの中に位置づけられよう」（宮尾恵美「中国国防動員法の制定」『外国の立法』２０１０年12月号１０３頁）との指摘もあります。また、同法の制定の背景については、「戦争勃発の可能性が低下して、それだけに動員の口実を戦争に求めることも困難になっている。代わりに国内で発生する『突発性事件』や自然災害のほうがより説得力を持ちつつある。そうすると、今後形成が進められる国防動員体制が、国防と言いながらも戦争よりも危機管理体制がその中心的な内容にならざるをえない」（弓野正宏「中国の後備戦力の将来像」茅原郁生編著『中国の軍事力―２０２０年の将来予測』蒼蒼社、２００８年、６６９頁）との分析もあるところで、法律の成立という一事で過大評価することは戒められるべきだと思います。

もちろん、近時は中国の膨張主義的な傾向が顕著ですし、香港のように人権や民主主義をめぐる問題などもあるところですから、過小評価もよくありませんが、そうはいっても、「莫大な数の在日中国人が国防勤務に就く」は、現実を無視した言説としかいいようがありません。私には、在日中国人の人は潜在的な敵だと公言しているようにしか読めません。高市議員は、自らの言説や同様の言説が流布されることの影響について、どう考えているのでしょうか。

特定の国や特定の国の人たちを潜在的な脅威だとするような言説は、そうした人たちへの憎悪や差別を助長することにもつながりかねません。歴史的にもそうした事例は多数あります。日本でも、１９２３年の関東大震災の際、「朝鮮人が井戸に毒を入れた」というデマが広がったことによって多数の朝鮮人の人たちが虐殺されたという痛ましい歴史がありますし、現在でも在日コリアンの人たちに対する差別や憎悪が現実世界でもＳＮＳ空間でも続いています。そして、差別は、性別や障害、生まれなど、在日コリアンの人たちに対するものだけではありませんが、共通するのは、その人個人ではなく属性に着目しているという点です。

このような仮想敵というものを設定し、潜在的な脅威だとする発想は、不寛容を正当化します。私には、その発想が社会的に認知され、勢いをもつことの方が、よほど「有事」だと思われます。

(3) 基地被害に苦しむ沖縄県民を犯罪者予備軍扱い

沖縄に対する認識がいかなるものであるのかも、この法の根底に横たわっている問題だと思います。

この法の成立によって、最も影響を受けることになるのは間違いなく沖縄です。沖縄の場合、自衛隊や米軍基地などが多いことから、重要施設として区域指定される可能性もありますが、国境離島等として区域指定されることも考えられます。沖縄県の人が居住している島（有人島）は、この法でいう国境離島等に全て含まれていますから、内閣総理大臣の判断次第では、沖縄県全域が区域指定される可能性もあります。また、県全域ではなくとも、石垣島や宮古島など、特定の島について、島全体を区域指定するという可能性はあります。仮に、県全域が区域指定されると、県民約150万人が調査対象ということになりますが、県全域でなくとも、嘉手納基地や普天間基地、キャンプ瑞慶覧、キャンプハンセンなどが重要施設だとして区域指定されれば、沖縄島中部の広範な県民が対象となります。普天間基地やキャンプ瑞慶覧などがある宜野湾市の場合、基地から1キロ圏内の人口が市の人口の9割とされていますし、嘉手納基地のある嘉手納町の場合、住民のほとんどが嘉手納基地の1キロ圏内に居住しています。

沖縄は、長年にわたって、基地被害に苦しんできました。たとえば、2020年には、沖縄県知事は、在沖米領事宛てに6度も抗議の書簡を送っていますが、内容はヘリコプターからの物資投下（3月）、PFOSを含む泡消火剤の漏出（4月）、建造物侵入・強盗事件（6月）、パラシュート降下訓練（8月）、戦闘機からの部品落下（8月）、強盗事件（11月）と、いずれも県民の生命・身体や環境に関するものです。3月の抗議では、1月にヘリコプターの落下事故、2月に戦闘機の給油カバー落下事故など1か月に3回も航空機関連事故が起きており、米軍の安全管理体制や再発防止策に疑念を抱かざるをえないとしています。11月の抗議では、10月末からの2週間で酒気帯び運転5件、傷害事件3件、器物損壊事件2件、公務執行妨害事件1件、無免許運転事件1件が生じており、米軍の管理体制が不十分だといわざるをえないとしています。また、F35が飛来することで、基地被害110番が苦情でパンクしたり、120デシベルというジェットエンジン直近の音に匹敵し、人間の聴覚の限界に迫るとされる数値が宜野湾市で計測されるなど、騒音による被害も続いています。「怒りは限界を超えた」といったスローガンも示されていますが、まさに日常的に基地被害を被っているというのが沖縄の現状です。

基地被害は米軍だけではありません。自衛隊の基地建設が沖縄では進行しています。与那国島から石垣島、宮古島、沖縄島を経て鹿児島県の奄美大島、馬毛島に至る約1000キロを超える島嶼に1万人を超える自衛隊の増員と基地建設が進んでいるのです。

そうしたなか、各地では基地の建設反対や弾薬搬入に反対する取り組みなどが行われています。宮古島では、2021年5月、ミサイル弾薬輸送を琉球海運など5社が拒否する声明を出し、6月に自衛隊輸送ヘリでの弾薬の輸送が実施されました。石垣島では、於茂登岳の麓で基地建設が進められていますが、この地域は島の水源地エリアであると同時に、古くから聖地として信仰されてきた場所でもあります。民有地が多いのも特徴で、基地建設反対の立場から、土地の売却を拒む人たちもいるところです。

沖縄で区域指定がなされるというのは、しかも全県域が対象になりうるというのは、基地被害に苦しんできた県民からすれば、基地被害から県民を守るのではなく、被害の元凶である基地を県民から守るという風に映るものであり、被害者である県民を調査対象にし、あたかも犯罪者予備軍であるかのように扱うものであって、転倒した議論でしかありません。政府は、口を開けば、基地の負担軽減と言ってきましたが、今回の法制定は、負担軽減とは真っ向から反するもので、さらに基地が存在することに伴う負担を県民に課すものです。

沖縄は今日まで自ら進んで米軍基地のために土地を提供したことはありません。辺野古新基地建設反対の民意も何度も示されていますし、海兵隊の撤去、日米地位協定の見直しも求めてきました。沖縄県が、辺野古新基地建設をめぐっては、サンゴ訴訟などいくつもの訴訟を国との間で争っている現状でもあります。

沖縄の基地負担や基地被害をめぐっては、古くから「小指の痛みは全身の痛み」という言葉がありますが、沖縄という一地域の問題ではないはずで、私たちの無関心が沖縄を苦しめているということを認識する必要があります。

残念なことに、法案審議においても、沖縄選出の議員以外の方からは、この法律が沖縄に与える影響について、ほとんど取りあげられることはありませんでした。そうしたこともあって、私は、参議院内閣委員会において、参考人として意見を述べた際、沖縄についてとくに言及することにし、次のように述べました。

沖縄の人々は、選挙権が停止されていたため、日本国憲法の制定に制度的にはかかわることができませんでした。米軍統治のもと、銃剣とブルドーザーで土地を収用されながらも、サンマ裁判と呼ばれるようなたたかいも経て、民主主義や自治を粘り強く獲得してきました。

沖縄の民意や自治を、また踏みにじるのですか？　そんなことが許されていいのですか。私は恥ずかしさと悔しさでいっぱいです。

憲法制定過程について触れたのは、当時も、沖縄選出の議員以外は、沖縄県民が制度的に制定過程にかかわれないことの問題について誰も発言することがなかったという歴史を知っていたからです。今回も、この法が沖縄の人たちからどのように受けとめられるのかについて、問題意識をもっていた議員は決して多くはありませんでした。

繰り返しになりますが、この法の影響を最も受けることになるのは沖縄です。安全保障の名目のもと、県民を監視対象に置くかのような発想は、まさに沖縄を「捨て石」とし、住民をスパイ視した沖縄戦のときと同じ構図です。この法律を支えるこうした発想は、改められなければなりません。

9、法律が制定されておしまいではない

国会で法案が可決されましたが、附則第1条では、「この法律は、公布の日から起算して一年三月を超えない範囲内において政令で定める日から施行する」とされており、全面的な施行は２０２２年9月となる予定です。また、基本方針や内閣府令については、公布の日から1年を超えない時期に施行されるとなっており、２０２２年5月までに施行となります。

今後、施行に向けて、政府は、内閣府に新たな部局を設置するほか、審議会の委員を選定したり、基本方針の内容を具体化していくことなどが予定されています。

そこで、今後は法の発動を許さない、法の廃止を目指すという観点からの取り組みが重要となってきます。

(1)自治体、事業者をはじめ問題点を伝える努力を

法の発動を許さず、さらには法の廃止を目指すためにも、最も重要なことは、一人でも多くの人に、この法律の問題点を知ってもらうことです。残念ながら、法案審議が短かったこと、メディアでの扱いも大きくはなかったこと、法案の略称が土地規制法や土地利用規制法、重要土地利用規制法という風に多くの人の問題意識を引くようなネーミングではなかったことなどから、法案審議の段階で多くの人に問題点が共有されるには至りませんでした。

そうした現状はいまも続いています。法成立後に、法の問題点を指摘し続けている国会議員やメディアは多くはありません。いくつかの市民団体などは学習会などを開催し、取り組みを継続させていますが、広範なものとなっているわけではありません。

そうしたことからも、学習会はじめ様々な形で多くの人が問題点を知る機会を作っていくことが重要です。

次に、基本方針が閣議決定され、政令や省令もできることになりますから、これらができる前に働きかけを行う必要があります。パブリック・コメントも実施されることになりますが、そのタイミングにかかわらず、日常的に動向をウォッチすることとあわせて、意見を伝えたり、要請したりすることも大切です。

さらに、この法律は地方自治体の協力なしには動くことが難しいですから、それぞれの地元での取り組みも重要です。地元の自治体の首長や議員の方々、執行機関に対する要請はもちろん、条件があるところでは議会で廃止を求める意見書を可決するよう求めることも必要ですし、衆議院と参議院のそれぞれの付帯決議では、

区域指定にあたって地方自治体の意見を聴くよう基本方針において定めることが求められていることから、付帯決議に基づいて地方自治体の意見を聴くことを求める意見書の可決を目指すことも有意義です。そして、実際にも基本方針に盛り込まれることになった場合には、聴取の際には区域指定に同意しないよう首長などに働きかけることも必要になってきます。また、地方自治体は、情報提供やその他の協力も求められる立場なので、そうした協力要請に応じない、あるいはどのような要請があったのかを可視化させていくことも、法律の運用を抑制的なものにしていくという観点から大事なことになります。法成立後には、沖縄県の名護市や北谷町、北海道の旭川市のように、廃止を求めたり、抜本的見直しを求める意見書が可決されたところもあります。いずれにしても、地方から法律を動かないようにしていくという視点は、とても重要です。

　加えて、この法律によって影響を受けることになる人たちとの連携も重要です。一つは、事業者の方々で、とくに不動産関係の業者の方々です。特別注視区域に指定される地域では、土地の売買などに際して、重要事項説明義務とされることもあり、そうでなくとも注意区域に指定されることで、調査対象となりますから、区域指定がなされたところの不動産の下落など、この地域での不動産取引には少なくない影響が生じることになるはずです。そうした区域で不動産取引にかかわっている方々は、この法律の影響を実感することになりますし、問題意識を有している方々も少なくないと思われます。いま一つは、市民団体や労働組合などの方々です。区域指定される地域に居住していなくても、事務所などが区域指定される地域にある場合には、調査対象となります。これまで述べてきたように、この法律では調査内容や範囲、対象者にも限定がありません。市民団体や労働組合の活動に直ちに影響が出ることになるのかは現段階では何とも言えませんが、この法の問題点を広く共有すべき対象であることは間違いありません。連携を図るべきだと思います。

法の発動を許さない、法の廃止を目指す取り組みを進めるうえでは、推進側は今回の法成立をもって満足しているわけではないという点を押さえておく必要もあります。

衆議院と参議院の付帯決議では、「収用を含め、更なる措置の在り方について、附則第2条の規定に基づき検討すること」、「水源地や農地等資源や国土の保全にとって重要な区域に関する調査及び規制の在り方について、本法や関係法令の執行状況、安全保障を巡る内外の情勢などを見極めた上で、附則第2条の規定に基づき検討すること」、「注視区域及び特別注視区域の対象に、重要施設の敷地内の民有地を加えることについて、附則第2条の規定に基づき検討すること」といった項目も含まれています。附則第2条は、「政府は、この法律の施行後五年を経過した場合において、この法律の施行の状況について検討を加え、必要があると認めるときは、その結果に基づいて必要な措置を講ずるものとする」としており、付帯決議が「附則第2条の規定に基づき検討すること」というのは、5年後の見直しを目指すべきだという意見表明と解されるものです。

(2)法の廃止とともに、法の改悪を許さない闘いを

法第23条の土地等の買取りの申し出ができるでは足りず、収用を検討すべしという点は、土地収用法の重要な原則について、土地収用法の外から掘り崩そうとする試みです。日本国憲法は、軍事的なるものの公共性を否定しており、この考え方を受けて、土地収用法は、土地を収用・使用することができる事業に防衛にかかる事業を含めていません（同法第3条）。

この例外として、自衛隊法第１０３条において、防衛出動時に際して、土地や家屋を使用することができるとされ、また米軍用地特措法において、土地や建物の収用・使用が定められていますが、これらに対しては違憲であるとの批判が、各地の弁護士会や憲法学界など多方面から寄せられています。また、自衛隊法第１０３

条は、防衛出動が命じられているという、いわば「有事」の場合であって、かつ収用ではなく使用に関するものであることに照らせば、付帯決議の内容は、「平時」において、使用にとどまらない収用を求めているという点で、例外といった評価では済まされないレベルでの目論見だと解されます。ここには、長年にわたって積み重ねてきた土地収用法の原則に対する敬意など、一切感じられません。

また、「重要施設の敷地内の民有地」という点にも注意が必要です。注視区域や特別注視区域というのは、「重要施設の敷地の外側」のことを指しています。敷地内については調査対象にはなっていません。そうしたなか、「敷地内の民有地」を調査対象に加えることを検討すべきだというのは、いかなる問題意識なのでしょうか。

沖縄の米軍基地は、基地のかなりの割合を民有地が占めています。沖縄戦後、銃剣とブルドーザーとも称される強制収用がなされ、住民の生活や生産の場であった土地が米軍基地となりました。反戦地主と呼ばれる人たちは、自分たちの土地が基地として利用されるのは、間接的に戦争に協力することになるとの想いから、土地の返還、基地撤去を訴えてきました。「敷地内の民有地」というのは、こうした住民の土地を収用した結果として基地となっているものについて、その所有者を調査すべきだという主張です。反戦地主など基地反対の人たちを狙い撃ちにするかのような内容が、こうもあからさまに表明されているのです。政府の政策に批判的な人たちに対する評価がいかなるものなのか、この付帯決議からも窺えます。

付帯決議に見られるように、推進側は次の目標や方向性というものを一定明らかにしており、それはさらに権利制限を強める方向のものとなっています。法の廃止を目指す取り組みは、法の改悪を許さない取り組みでもあるのです。

10、この法律のねらいと、いま必要なこと

(1)内閣府が進めるのは調査に関する手法の確立

今回の法成立を受けて、政府が当面の間、もっとも力を注ぐことになるのは、調査に関する方法を確立することだろうと思われます。

一口に調査といっても、公開されている情報と公開されていない情報、収集も自ら行う場合、他の行政機関や地方自治体の長などから提供される場合、行政機関ではない第三者から提供される場合、情報の内容もセンシティブなものとそうでないものなど、情報の内容や種類、入手パターンなど、情報の集約と調成をとってみても、それほど単純ではありません。

内閣府に新たに設立される部局では、そうした調査に関する方法を検討し、準備していくことが、しばらくは主たる業務になるのではないかと思われます。

業務を担う主体が内閣府であるということは、近時の動向の一つの特徴でもあります。2021年5月に成立したデジタル改革関連法もそうでしたが、内閣府のもとにデジタル庁を設置し、その長は内閣総理大臣が務める内容で、こうした内閣主導、とくに内閣総理大臣のもとに権限を集約し、情報を一元化する傾向は、今回の法とも共通するものです。

(2)「有事」の平時化というねらいに着目する

また、日本の安全保障に関する法体系のなかで、今回の法制定はどのように位置づけられることになるのかも、重要なポイントです。

自衛隊や米軍基地など重要施設とされるものの「機能」を保護法益として、その阻害を防止するために、土地などの利用実態を調査し、勧告や命令などの規制を行うという趣旨の法律は、戦後においては初めての立法となります。

軍事的なるものの価値観が日常に入り込んでくる、つまりは「有事」という発想が「平時」のなかに持ち込まれるという意味では、今回の法律は、「有事」を平時化する動きの一つとも評することができます。また、「機能」を阻害させる要因があり、それが一定のリスクだとする評価自体が、現在の日本をめぐる状況が緊張関係にあること、その緊張関係の深刻化を前提とするものであり（つまり「有事」を想定するもの）、そのための準備行為としての立法という風にとらえることも可能です。

そのような意味合いを有する法律であるということは、広く共有されるべきです。今回の立法には、単に調査にとどまらない、「有事」の平時化というねらいが含まれているのであり、日本国憲法が示す平和主義の考え方からすれば、その内実をまた一つ掘り崩すことにつながる動きでもあるのです。

(3)平和の外交と国境を越えた民間の交流を

私としては、いま必要なのは、土地規制法のような立法ではなく、こうした立法を支える意識や発想の方を変えていくことだと考えています。すでに述べたとおり、特定の国の人たちを潜在的な脅威だとする発想は、敵視につながるものですし、憎悪や差別を助長しかねません。こうした発想から脱却し、意識を変えていくための取り組みこそ必要です。

もう一つは、脅威とみなすような関係やありかたそのものを変えていくことです。これが外交のはずです。朝鮮半島だけでなく、東アジア全体の永続的な平和と安定のための枠組みづくりを構想し、アメリカと中国という超大国同士の競争と対立の激化が軍事衝突にエスカレートしないよう、両国に緊張緩和を促し、軍備管理や軍縮協議を率先して呼びかけていくような外交的努力が必要なはずです。これは日本だけではなく、すでにこうした仲介外交を積極的に進めているＡＳＥＡＮ（東南アジア諸国連合）などとも連携して進めていくべきものだと考えます。

また、外交・安全保障の担い手は必ずしも政府に限ったものではありません。たとえば、地方自治体には、外国の都市と姉妹都市の関係を有しているところも多いですが、相互の都市を訪問するといった交流にとどまらない関係を築いているところも少なくありません。北海道や新潟県、富山県、石川県、鳥取県といった日本海に面した自治体では、環日本海交流を推進しており、極東ロシアやモンゴル、北朝鮮（朝鮮民主主義人民共和国）、韓国などとの経済や環境保護などの分野での交流を進めています。福岡県などの九州地方では、中国や韓国との交流が盛んで、とくに長崎県は被爆地ということもあり、平和交流にも取り組んでいます。さらに、沖縄県では、中国（台湾含む）、東南アジアとの経済・文化交流を行っており、歴史的に海外への移住が多いことから、移住先の南米などとの交流も歴史が深いです。

さらに、ＮＧＯやＣＳＯ（Civil Society Organization）においても、近時は国境を越えた取り組みを行っているグループは少なくありません。その分野も、国際交流を内容とするものから、開発途上国での農業支援や生活改善に取り組むもの、さらには政府開発援助（ＯＤＡ）をチェックするものなど多様です。近年は、国内外のNGOやCSOのネットワークも強まっており、現地に事務所を開設し、国連などの国際機関と何らかのパートナーシップを有するものも増えています。

このように地方自治体やNGO、さらにはメディアや政党、学術団体、文化芸術団体、法曹界など、多様なアクターが国境を越えて様々なレベルでの活動を行っており、こうしたアクターによってもたらされる影響力は、次第にその度合いを増している現状にあります。

日本国憲法の前文は、「平和を愛する諸国民の公正と信義に信頼して、われらの安全と生存とを保持しようと決意した」としています。ここにいう「信頼」とは、自明のごとく横たわっているものではなく、そうした関係構築のための自覚と姿勢を促したものであり、多様なアクターが相互補完的に影響力を行使できる状況は、それらのアクターが必ずしも政府と同一の見解を有しているわけではないという現実ともあいまって、より重層的な、したがってまた対立ないし緊張関係をより分散・減縮させる方向での対外関係の形成に資するものでもあります。

前文には、「政府の行為によつて再び戦争の惨禍が起ることのないやうにすることを決意し、ここに主権が国民に存することを宣言し、この憲法を確定する」ともあります。「戦争の惨禍が起ることのないやうにすることを決意」したのは「国民」であり、戦前には天皇主権のもとで植民地支配やアジア太平洋戦争が行われたことへの痛切な反省から、国民が主権者となることで再び戦争を起こさせないという決意と自負が込められています。つまり、単に戦争に負けた結果として主権者になったのではなく、再び戦争をしないために主権者になったとしているのであって、何のために私たちが主権者になったのかという使命が謳われているのです。今回の法の位置づけをふまえても、何のために私たちは主権者になったのかという点は重要です。

脅威とされているものを根本から改め、国境を越えた市民の間での信頼関係を構築していくことが、遠回りのようでいて、土地規制法の廃止にとっては一番の近道であり、かつ根本的な方法であるように思われます。私たちは、主権者として、こうした努力を積み重ねていくことが求められているのではないでしょうか。

土地規制法が、日本国憲法の平和主義の内実を掘り崩すものであるならば、私たちの実践によって、それを回復させなければなりません。

第二部

地方から土地規制法廃止の大きなうねりを

土地規制法を廃止にする全国自治体議員団

1、〈座談会〉地方で創意ある闘いを進めるために

はじめに——会が結成された経緯

馬奈木　それでは、土地規制法に反対する地方議員の会の方々の座談会を開始したいと思います。まず、この会の結成の経緯やどういう集まりなのかという点について、岡本さんからご説明いただけますか。

●衆議院における採決の最後の局面で

岡本　立憲民主党松戸市議会議員の岡本ゆうこと申します。僭越ながら私が発起人となりお声がけをさせていただきました。

もとはと言えば、先の国会で審議されていた土地規制法案をめぐって、立憲民主党が衆議院の内閣委員会で修正案を出すという報道があったのです。しかし、この法案は本来なら「廃案」を求めるものなので、修正案を出すなどあり得ないと思いまして、まず最初に立憲の地方議員団有志が起ち上がりました。そして、立憲の政務調査会（政調）に地方議員団でまず要請書を出し、そのあとに政調に対して、衆議院の採決の前に私たち地方議員の意見を聞いてほしいという要望を出しました。そうしたら、内閣委員会の採決の前日（5月27日）に、後藤祐一衆議院議員と今井雅人衆議院議員が参加され、ｗｅｂ会議が開催されました。その際、本日の座談会に参加している白井則邦さんにもお声を掛けさせていただきました。

その会議では、「沖縄県は県連を挙げて反対するつもりだ、絶対に修正案は取り下げて、反対を貫いてほしい」と述べておられて、私たちとしても反対を貫くことを強く要請しました。その次の日に内閣委員会があり、後藤議員が「強行採決だ」と、反対を貫いたという経緯です。衆議院は通ってしまいましたが、立憲が反対を貫いたことは本当に良かったと、今、振り返っても思います。

そのあと、6月4日の夕方から賛同していただく地方

議員を集め始めました。水面下で開始したのですが、すぐに130名ぐらい集まって、6月7日に衆議院議員会館で、馬奈木弁護士にも来ていただき、自治体議員の緊急声明を発表いたしました。その時、「『重要土地調査規制法案』を廃案にする全国超党派自治体議員団」という名前でした。そしてその時の模様が、東京新聞や琉球新報に取り上げられました。

それからも馬奈木弁護士とは連携をさせていただき、6月16日、法案が参議院で可決され成立した日も、私たちは院内集会を行いました。その時は三団体合同で行いました。私たち以外に、「沖縄・一坪反戦地主会関東ブロック」と「『重要土地調査規制法案』反対緊急声明事務局」の三団体です。「みんなの力を大結集！『土地規制法案』成立強行に抗議する6・16集会」という名称でやりました。その時には賛同議員が154名に増えまして、現在に至っているところです。

参加者（発言順）
岡本 ゆうこ（千葉県松戸市議会議員、立憲民主党）
中山 均（新潟市議会議員、緑の党）
村上 さとこ（福岡県北九州市議会議員、無所属）
江尻 加那（茨城県議会議員、日本共産党）
白井 則邦（千葉県酒々井町議会議員、立憲民主党）
仲村 未央（沖縄県議会議員、立憲民主党）
司会・**馬奈木 厳太郎**

●法成立後に名称を変えて

馬奈木　現在の正式名称をお願いします。

岡本　現在は「土地規制法を廃止にする全国自治体議員団」に変えております。

馬奈木　もともと立憲民主党が土地規制法案の修正協議などに動いている中で、この法案を問題だと思われた地方議員の方たちが立憲民主党の中で動きはじめた。それが超党派という形で広がりを持って、残念ながら廃案には結びつかなかったけれども、法制定後も廃止を求める議員団として活動を継続している。要約すると、そういう感じになりますかね。

岡本　はい。立憲が修正案を提出しようとしているということを報道で知ったことが最初のきっかけです。

馬奈木　集まっている方たちも野党系の人たちで、立憲とか共産とか社民とか無所属の人たちとかで大体成り立っている、という理解でよろしいですかね。

地方自治体の議員さんたちなので、地方ごとに事情や特色もあるという気もします。他の会派の方も賛同議員の中にはいるのですか?

岡本　緑の党や市民ネットワーク関係の方もご賛同いただいています。

馬奈木　なので、本当に文字通り「超党派」ということでいいのかなと思います。ありがとうございます。村上さん、成り立ちのところで補足などありますか?

村上　村上さとこです。福岡県北九州市議で、無所属一人会派です。

土地規制法は、マスコミが書かなかったりして、市民や、議員にも広く知られることがないままに進んできたと思っています。岡本さんたちが呼びかけてくれる中で、この法律がたいへん危険であるということを、議員たちも成立直前になって知り、バタバタバタと154名も集まって、「何とか声を上げなければ、止めなければ」という共通の意思が固まったと思っています。

(1) 地方でどう受けとめられているか

馬奈木　今の話の延長線上で、今日のテーマの一つでもありますが、それぞれの自治体でこの法律の成立・制定がどのように受け止められているのかについてお話しいただけたらと思います。江尻さんはいかがでしょう。

●一部を除き、ほとんど知られていない

江尻　茨城県の共産党県議の江尻加那です。

茨城県には、百里航空自衛隊基地を含めて自衛隊の関連基地が大小13か所があると言われていて、ほかに原子力施設も原発以外の研究施設なども含めてかなりの数があります。けれども、村上さんもおっしゃったように、地元紙の茨城新聞も含めてほとんど報道がなくて、茨城県民にとってこの法律がどんな影響が出てくるのかというのは、周辺の住民の方も、私たち議会や行政の側も、本当にピンと来ないまま6月に強行成立させられたのが現実です。ですから、今の時点でも、この法律の問題を明らかにするような新聞記事などほとんど目にしないと

いう状況です。

馬奈木 まだまだ知られていないということですね。

江尻 知られていませんし、住民側の運動や学習会も、具体的に企画されていないという状況です。

馬奈木 千葉の状況はどうですか。お二人いらっしゃいますが。

岡本 千葉県松戸市は、衆議院の小選挙区では市川市の一部を含む千葉6区になりますが、6月4日の自治体議員の賛同者を集める前の5月23日から、千葉6区市民連合で署名活動を始めました。「廃案に」という内容と、もう一つやはり「立憲は修正案を取り下げ反対を貫いてください」という内容でした。手書きのものと、もう一つネットを使って署名フォームをつくったのですが、二日間で、四百数名集まりました。ですので、松戸市内の方々はかなり危機感を覚えております。でもやはり一部の方ですけれども。

その後6月9日、私は松戸市議会の一般質問で取り上げました。また、松戸市では市民の方の主催で土地規制法の勉強会が二回行われています。習志野市では日本共産党の山添拓参議院議員を講師に勉強会が行われました。

千葉県はオスプレイの問題などもあるので、知っている人はどうにか声を上げようとやっております。千葉6区の生方幸夫衆議院議員も院内集会に参加してくれていたし、街頭演説でも訴えていました。

●不動産屋さんも知らない

馬奈木 では千葉からもう一人、白井さん、お願いします。

白井 白井則邦です。千葉県印旛郡酒々井《しすい》町で町議をしています。政党は立憲民主党です。

酒々井町は松戸とは全然雰囲気が違います。本当に一部の人しか知りません。僕は一般質問の質問事項ではなく冒頭挨拶で「こういう問題のある法律なのだ」と挨拶で述べたんですが、反応があったのは共産党の議員さんだけでした。

町の懇意にしている不動産屋さんにも聞いてみたんですが、「何も知らなかった。聞いたこともない」ということで、業界的にも全然まだ知られていないと思います。これから一年かけて具体化される中で、徐々に情報が出て、具体的にどこが問題かが可視化されないと、みなさん自分のこととは受け止めないのではないでしょうか。その不動産屋さんには資料を少し渡したのですが、今度不動産屋さん同士が集まる会議があるらしく、「そこでちょっと聞いてみるよ」ということになりました。

うちの町は基地があるわけでもなく、原発があるわけでもないので、反対運動のようなものはほとんど起こりません。関連するのは成田空港ぐらいですが、成田空港も国民保護法制では対象になっているけれども、現実に戦争が起こると考えている方はたぶんいないと思うので、問題意識を持っている方はほとんどいません。「重要施設のまわりの土地は調査されるよ」と言っても、「それが自分と関係があるの?」というのが正直な受け止めだと思います。肌感覚で理解しづらいところがちょっと難しいかなと思います。

成り立ちのところで大事だったのは、市民連合の方が動いてくれたことです。市民連合の方が「おかしい」と声を挙げるので、情報を出しながらお互いにやっていったところがあります。議員中心というより、市民中心に最初の動きがつくられました。

うちの町では、防衛庁団地と俗に言われる防衛省関係の方が多く住んでいる団地がありますので、そういう所に情報提供のチラシを入れてみたら少し変わるかなと思うので、そういうことを考えてみます。

●関心を高めるには何が必要か

馬奈木　続けて新潟の中山さん、お願いできますか。

中山　新潟市議の中山均です。議会では無所属の扱いですが緑の党所属です。国会には議席は持っていませんけれども、我々も岡本さんの呼びかけを党内の自治体議員のメーリングリストなどに広げて賛同を募り、それなりの数が参加しております。

新潟は沖縄などと違って、地元自治体では残念ながら議論が深まっていません。

新潟には、自衛隊の基地が8か所ぐらいあり、世界最大級の柏崎刈羽原発があります。それらが当面の対象になると思います。さらに、佐渡という島があり、この法律で規定する「国境離島等」に含まれます。有人国境離島法で規定されている島で、なおかつ国境の最前線という意味でレーダー基地があります。非常に重要な基地です。

運動としてはやはり関心があまり高くなく限定的です。新潟の護憲フォーラムや平和運動センターなどが、署名活動や政府への抗議行動をやったりしている程度です。

私の問題意識としては、土地規制法そのものだけではなくて、これに関連する安保法制や特定秘密保護法、あるいはデジタル庁関連法などを含む全体の中での位置づけを明確にすることです。戦前の要塞地帯法の再現も指摘されていますが、これだってそれ単独で機能していたわけではないと思うのです。そうすることにより、自衛隊基地がないような地域でも関心を高めていくことが可能になると感じています。

馬奈木　では、福岡の村上さん、お願いします。

村上　福岡県には、航空自衛隊の芦屋基地や築城基地、春日基地などがあります。

北九州市は、福岡唯一の戦闘航空団であり米軍基地化が進む築城基地とわずか14キロの距離です。市内には陸上自衛隊の訓練地として小倉駐屯地があり、小倉駐屯地の曽根訓練場、富野分屯地なども今回の法律で重要施設になり得ます。ですから、関心がある人はある、しかし基地が日常の風景になっているので、まったく関心がない人も少なくありません。

この法律は、土地を規制するという名前がミスリードを誘うと思います。法律名とは裏腹に、国民の調査とか情報収集とか監視とかが主たるものになっている内容です。ところが、外国資本による土地の取引を規制するためとか、安全保障面で大事だという建前があまりにも前面に出すぎて広まってしまっています。その結果、「これで安心だね」というお話も聞きます。だから、法律の中身を伝えていかなくてはいけないと思っています。

北九州市議会には議員が57人いますが、この問題はほとんど関心が払われていません。5人以上集まれば意見書が出せます。6月議会で共産党議員団8名が土地規制法に反対する意見書を出しました。ところが、意見書に賛成したのは共産党をのぞいて私と社民党の合計二人だけでした。立憲民主党、国民民主党の方も意見書には賛成しませんでした。そこは非常に懸念を感じています。

●沖縄ではどう受けとめられているか

馬奈木　仲村さん、お待たせしました。

仲村　沖縄県議の仲村未央です。立憲民主党です。

沖縄では地元メディアが熱心に取り上げています。早い段階から社説などでも取り上げ、警戒感を高めてくれましたので、この法が実際に成立して施行されるとなれば、現場になるのは沖縄だという認識は非常に高いと思います。

沖縄弁護士会は5月21日に弁護士会長の声明を出しました。「県土そのものが国境離島であるばかりか、多くの米軍基地を抱えている」「沖縄県民の誰もがこの法案による調査、規制対象になってもおかしくない」「知らないうちに県民誰もが監視下に置かれる恐れがありうるのがこの法案だ」と廃案を求めるものです。その結果、特に政治にかかわる現場の私たちの関心も高いものになってきました。

ただ、残念ながら沖縄は新型コロナウイルス感染症が非常に蔓延していて、この法案の成立の過程においてもその後も、集会などが開ける状況ではないのです。だから、集まって学習をしたり、集会で声を上げたりということはしづらいというか、現実的に不可能だったので、県民の中に広く浸透するという意味ではまだまだ課題があります。

馬奈木　八重山辺りの反応や受け止めについてはいかがですか?

仲村　八重山諸島はこの法律がターゲットとする国境離島そのものです。またこの間、自衛隊のミサイル基地が宮古島、石垣島を含めて建設され、いよいよミサイルも持ち込まれるというような状況になっていますので、その意味でも対象施設として注視されており、現場の動きも非常に危機感が強いです。

とりわけ沖縄本島の米軍基地に反対している運動、それから宮古や石垣で進む自衛隊基地に対して声を上げている反対運動に対しても何らかの規制が及ぶのではないか、調査の対象になったり、思想信条も含めてプライバシーが侵されることになるのではないか、そういう声が上がっています。

馬奈木　ちょうど法案審議の最中でしたが、鳥類研究者の宮城秋乃さんの自宅に県警の捜索が入り、「法律の先取りではないか」と報じられました。

仲村 宮城さんは現場で蝶の研究をされていて、自然保護の立場から、基地が返還されて世界自然遺産になってもなお散見される米軍の廃棄物を可視化すること、もちろん浄化をすることの必要性を訴えるために、廃棄物を片付けて米軍のゲートに持っていった。それだけのことで、家宅捜索を受け、起訴されました。法律の先取りという以前に、「こんなことが起きていいはずがない」というのが、一般的な県民の受け止めだと思います。

(2) 自治体にどんな影響を及ぼすのか

馬奈木 これで出席者全員のご発言がありました。

次に、すでに頭出し的にでていますが、この法律がみなさんの地元にどのような影響を及ぼすのかについてご発言いただけたらと思います。自衛隊がある所、米軍基地がある所、あるいは原発がある所、それぞれ特徴があると思います。この法律は、いわゆる重要施設ということで、自衛隊や米軍、海上保安庁、生活関連施設の周辺を対象とするパターンもあれば、国境離島という扱いで区域指定されるパターンも考えられます。いずれにしても注視区域や特別注視区域になれば、調査がなされたり、あるいは一定の情報を自治体などから内閣総理大臣が収集したり、あるいはいろんな形での協力を自治体などに求めたりといった、かなり広範な権限が内閣総理大臣に与えられることになります。この辺りについて少しお話を伺いたいと思います。

●古くからの基地反対運動家の懸念

江尻 まず自衛隊関連です。茨城ではいちばん大きいのが百里の航空自衛隊基地です。滑走路二本のうち一本が、誘導路のほうで「く」の字に曲がっています。それは、その土地を一坪運動でみんなが所有したために防衛省が買えなかったからでして、その曲がった所に百里の平和公園があり、毎年2月11日に自衛隊の違憲性や平和を訴える百里初午まつりも開かれています。そこは隣り合っていますので1キロ周辺にあり、普段の平和活動や一坪運動を担っている所有者のみなさんが調査対象になってくると思われます。

先日、百里基地の反対運動に地元でずっとかかわっている梅沢優さんのお話を伺いましたが、ご自宅も1キロメートル以内どころか隣り合わせなんです。ご自宅の三方を基地に囲まれていて、基地が出来る前から、先祖代々その土地に暮らしてこられた。ご自宅と基地を挟んで反対側の昔の射撃場跡地の小高い山には、「自衛隊は憲法違反」という大きな看板が立てられています。その梅沢さんは、今回の法律について、あまりにも国の身勝手にびっくりしていて、「個人の権利を侵害するありえない法律だ」とおっしゃっています。米作りを行っている平和農園もすぐそばにあり、単なる反対運動ではないのです。その土地に住んでいて、そこで暮らしている方たちの普段の農業も含めた生活が、この法律でどうなってくるのかが心配です。ただ、周辺住民の方々にもこの法律の本当の中身が伝わっておらず、梅沢さんも「もどかしい」とおっしゃっていました。

先ほどのみなさんのお話を聞いていて、まずは私たちが働きかける相手の一つはメディアかなと思いました。一般論ではなくて自分たちのこの県内にどんな影響があるのかを、地元メディアの方の取材や議会の調査活動を通じて、少しでも可視化していくことが大事だと思いました。

さらに、この百里基地のすぐ脇には、茨城県が売り出している工業団地があります。百里自衛隊基地と軍民共用化で茨城空港が整備される時、この一帯に県が工業団地を売り出したんですが、一区画も売れていない状況です。整備して売り出しても軍用機の轟音、騒音の真下にあるため売れない工業団地ですから、土地利用規制法の対象になった時にはさらに売買のマイナス要因になると思います。ところが行政側は関心を示さない。ある地元の人は、「県は、最後は自衛隊基地の格納用の保管庫の土地にでもしてもらうため、防衛省に買ってもらおうと思っているのではないか」とさえ言うほどです。

馬奈木　原発の関係でいうと、やはり新潟の中山さんですね。

●情報が秘匿される原発と土地規制法の共通性

中山　規制法によって原発周辺がどうなるかという直接具体的なお話ではないんですが、私として非常に印象的なのは、この間、新潟の柏崎刈羽原発で、核防護の問題で非常に重大な事案がいろいろ発生していることです。他人のＩＤカードを使ってセキュリティエリア、中央制御室まで入り込むという、非常にお粗末かつ重大な事件が起こったんですが、起きた当初、東京電力は地元自治体にも内緒にしました。規制庁は規制委員会にも内緒にしていました。核防護案件ということが理由です。

これと土地規制法の問題は非常に共通性があります。原発施設のような、とにかく情報を隠して、その周辺に住んでいる住民には何も知らせないで運用しないと成り立たないような施設がある一方で、その施設の周りについては個人情報や土地の売買情報を含めていろんな情報を手に入れるという、非常に非対称な構造というのが、この規制法の今の日本社会での位置の象徴的な姿ではないかと思いました。

その意味で言うと、問題は原発だけではありません。先ほど離島の佐渡のレーダー基地のお話をしましたが、新発田市に全国数か所しかない防衛省の情報本部が所管しているレーダー基地である小舟戸通信所があり、小舟戸という言葉をインターネットで検索すると世界の防衛問題を扱うサイトで引っかかるような、非常に重要な基地です。それだけ重要で、なおかつ防衛省はあまりその情報を表にしない、秘匿性の高い課報活動をやっている通信基地なんです。一方、その敷地のすぐ隣は普通の民家です。民家が基地に囲まれているようなエリアになっているのに、その民家の人たちは基地がどんな役割を果たしているかもまったく分かっていないんです。そういう意味でも非対称というか、一方で原発や基地は秘匿されているのに、その周りの情報は国や防衛省や東京電力が入手するという構造は、非常に大きな問題だと思っております。

●「安全だ」と豪語していることとの矛盾

馬奈木　土地規制法では対象施設に対する「機能阻害行為」が問題とされ、その明らかな恐れがある場合には勧告、さらには命令することになっています。一方で原発に関しては、現行の新規制基準は世界でいちばん安全だと政府は豪語していますので、今回の法律で規制が必要だということになると、逆に言えば新規制基準では足りないという話になり、少し疑問に思ったりもします。

中山　そうかもしれないですね。先ほどのＩＤ事件でも何年か前にも同じような事件があり、偽造して構内に入った人がいました。世界一とか言いながら、実際の運用はズブズブなんです。それは業者と電力との慣れ合いの中で行われていた。他にも、警報装置が台風や大雪で機能しなくなり、代わりに人を配置して対応したり、本当にアナログの世界で、なおかつそのアナログも穴だらけみたいな、それが現実の姿です。

ところが、そんなお粗末なものであっても、何かあると全部内緒にされてきた。しかし、そういうお粗末なレベルのままでは、もっと重大な事態になった場合、世界最高レベルの基準などと言っている場合ではなくなることもありうる。少し規制法から離れてしまいましたが、そんなことを思っております

馬奈木　施設の中における事故や被害が秘匿されたり、あるいは通報が遅いこともあります。沖縄の米軍基地をめぐっても、発ガン性など健康リスクが指摘されているPFOSが出ているのに、通報が遅かった問題もありました。

仲村さん、土地規制法が現実に仮に動き出すことになった場合、やはり沖縄が最も影響を受けることになると思います。嘉手納町では1キロ圏内にほとんどの町民が住んでいるし、宜野湾市でも九割ぐらいの人が普天間やキャンプ瑞慶覧の近くでしょう。かなり広範な県民に影響が出てくると思いますが。

●沖縄に及ぼす影響をどう見るか

仲村　嘉手納基地であれば、たとえば嘉手納町は自治体の面積の82パーセントを嘉手納基地が占めています。私は沖縄市在住ですが、34パーセントが嘉手納基地になります。基地から1キロとなったら、住宅も学校もあるのです。

また、本土の米軍施設は国有地が87パーセントですが、沖縄の米軍基地は、国有地は23パーセントに過ぎません。米軍施設は圧倒的に民有地が多い。そうなっているのは、戦後の米軍占領下、そこに住んでいた人が追い払われて土地を接収された歴史があるからです。そして、本土復帰後も安全保障は公共の福祉にあたるからという口実をいつも持ち出され、接収がずっと続いてきた。ですから、今回の法律で基地の周辺がどうだと言われても、そもそもそういった事態を根本的に解決せよというのが現実の課題なんです。それから、目に見えている土地だけが問題なのではありません。たとえば制限水域とか制

限空域に及ぶと、沖縄中で米軍が優遇されている。そんな環境の中で、沖縄県民の日々の生活があるのです。そこで巻き起こる環境問題・人権問題は切りがない。

そういう前提の中で、今回、やれ重要土地だ、やれ規制だと言われても、ただただ怒りを感じます。その前にやるべきこと、解決するべきことがたくさんあるのではないか。それが率直なところです。

馬奈木 少し先取り的に申し上げると、まさに民有地が多いからこそ、反戦地主会のような取り組みもされてきました。「基地を生活と生産の場に」というスローガンが掲げられたり、基地内の労働者は、それこそ全軍労の時代であれば、労働組合でありながら「自分たちの職場をなくせ」を要求の第一番に置いた。今回の法律に関して、参議院の付帯決議の中で「収用も含めて五年以内の見直し」が盛り込まれましたが、法第23条では、土地の買取りなどを政府が申し出ることができるとされています。沖縄本島でもそうですが、たとえば、まさに現在進行形で自衛隊の基地建設が進んでいる石垣島などでの反対の取り組み、あるいは宮古島でも基地のまさに目の前で農業がされていて、そこには「ミサイルは要らない」というのぼりが立っていますが、そういう運動にもひょっとすると影響が出てくるという懸念もないわけではありません。その点、地元では何か議論なり声なりはありますか？

仲村 みんなが法律についてそこまで詳しく一緒に学習する機会が得られていないので、どんな懸念を持っているかは、今ちょっと定かではありません。

ただ、先ほど言った公共の福祉のことですけれども、沖縄の土地収用は戦後の米軍占領下においては、銃剣とブルドーザーで住んでいる人たちを追い出して、建物も土地も農地もみんな壊して追い払って進められました。最も問題なのは、今の国の憲法体系の中では、本来は国防や軍事目的のための土地の収用が強制的にはできないはずなのに、沖縄はいつも特別措置法で狙い撃ちにされて、非常に差別的な土地収用をずっと重ねられてきました。そして、今があるのです。

その上、今回の土地規制法で土地を買い取られるかもしれないということまで重なると、沖縄の全部が軍事のために何でも可能にされてしまう。その懸念は、私の中では非常に強いです。

●国と地方の対等な関係を崩す

馬奈木　では、他の自治体の話をしていただきましょう。

岡本　私が注視したのは、自治体の職員が立入り調査することになるかもしれないことです。しかし、住民を調査しようとすると住民基本台帳が必要で、それは各自治体が持っている情報です。国としては調査をするに当たって、法令とか政令がないとできないので、当然それを整えてやってくるでしょう。結果、市町村は、「法や政令等に基づいて適切に対応してまいりたい」と答弁することになります。

馬奈木弁護士はいつも、22条の恐ろしさを強調します。22条は「内閣総理大臣は、この法律の目的を達成するため必要があると認めるときは、関係地方公共団体の長に対し、資料の提供、意見の開陳その他の協力を求めることができる」となっています。これは国と地方の対等な関係を崩してしまうものです。地方自治の本旨に反します。そしてこれは憲法に反することだと思いますし、思想良心の自由や表現の自由、プライバシー権などの侵害をする恐れがあると思います。

松戸市にも陸上自衛隊駐屯地はあるんですが、法律が言う「生活関連施設」がどこになるかも分かりません。基本方針はこれから内閣総理大臣が定めるわけですから、松戸駅の周辺もなる可能性も高いし、とにかく日本国民全員が対象で、当事者意識を持って挑まなければいけない、本当に恐ろしい法律だと思っています。私たちはいちばん国民に近い自治体議員ですから、本当に自治体議員が一丸となって取り組んでいかなければいけない問題であると、強くみなさんに訴えていきたいと思います。

●外国人排斥運動につながる懸念

白井　酒々井町では基地とか原発がなく、直接的にすぐに大きな影響はないとは思うんです。ただ、今回の法律のもともとの理由が、外国人の方による土地を購入をどうするかというところにあるので、外国人差別への影響がすごく大きいと思います。

うちの町は成田空港が近いので外国人の方が結構就労されています。国籍別でいうと、やはり中国、韓国、北朝鮮の方が多いのです。そして今回のコロナ禍で、住居確保給付金とか総合支援資金とか、困窮者支援の貸し出しや給付について、約半数が外国籍の方という状況です。そういう状況の中で外国人を敵視するような法律ができて、それが当たり前に運用されるようになってしまった時、「困窮している外国人は出ていけ」という論調にならないかが心配です。排斥運動につながりかねないところがあります。

そもそも、百歩譲って安全保障のために今回のような法律が必要だとしても、その根拠として外国人だから危険だという話が出て来るところがおかしいと思います。例えば、外国人が増えると治安が悪化すると言われることがあります。しかし、日本で起きる犯罪のほとんどは日本人が犯人なので、主として日本人の問題です。また、外国人が犯罪を犯すことがあっても、外国人全体の問題ではなく、ごく一部の外国人の問題にすぎません。外国人だから危険だとはいえないのです。ところが、今の日本では、外国人であるというだけで危険視され、外国人への憎悪感情によるヘイトスピーチが行われることもあるのです。

今、成田特区といって、成田空港の周りを特区で盛り上げようと9市町が集まって——うちの町は入っていませんが——やっているんです。その一項目に「外国人材の活用」があります。日本で就労する外国人の在留資格に「倉庫業」を追加して、物流業界での人材不足の解消につなげようとしています。そうやって外国人を活用しようとしている一方で、外国人は危険だという前提で法律を作るのはおかしいと思います。本当に外国人であるというだけで危険なのか、不合理な差別偏見ではないのかということを、この法律を通じて考えてもらいたいと思います。

ただ、そういう訴えが町民に響くかどうかと言われると、難しいかなというのが正直なところです。「外国人がいると不安だ」「中韓のやつら」みたいに敵視する人は、普通にいます。このような偏見に満ちた日本は嫌な社会だなと思うので、今回の土地規制法のような外国人への漠然とした不安感が反映された法律をなくし、差別偏見をなくしていきたいと思います。ちょっと見方が違ったんですけれど、すみません。

馬奈木　いいえ。大事な指摘をありがとうございます。

●反対理由を身近な例で明らかにする

村上　北九州の話をします。仲村未央議員のお話に関連します。沖縄の基地の問題ですとか、石垣島の陸自ミサイルの基地配備の問題ですとか、九州に住んでいる者として、他人事とは思えない出来事だと常に思っています。南西シフトと言われる軍事力の重点地域化は、結局は九州と一体になって進められている現実があります。九州の空港施設や港、軍用施設の強化は、沖縄とか石垣島のバックアップのためのものです。

実際に今、福岡県内でも、航空自衛隊の築城基地で弾薬庫など米軍用施設を整備する事業が始まっています。あまり知られていませんが、福岡空港の中にも米軍基地が一部存在しており、日本は返還を求めていますが、アメリカは返還する気がない。「福岡は朝鮮半島に近い」「今後も基地能力を確保していきたい」「平時は商業空港として使っていいが、いざとなったら基地化して活用する。有事には拠点にする」とはっきり言っています。

北九州市にも空港があり、2500メートルの滑走路を3000メートル化しようという計画があります。「大型貨物用の航空機を飛ばすためには500メートル延長が必要だ」と言われていますが、私は「いざとなったら北九州空港も軍用化されるのではないか」と懸念しています。

そういう中での今回の土地規制法ですので、やはり裏の裏を見ていかなくてはいけない。軍事の問題とは切っても切れません。

しかし、それを議員や市民に伝えていこうとしても、なかなか簡単ではない。「難しい話は聞きたくない」という雰囲気があります。そこで私は、六月議会の最終日に討論を行った際、分かりやすい反対理由にしなければならないと思い、あえて身近かな例を挙げました。

まず、そもそも論ですが、法律の成立のあり方です。パブリックコメントも行われておらず、わずか20時間の審議時間で、民主的な手続きを欠いています。

さらに全部で28条という短い法律にもかかわらず、「何々など」という文言が約140か所あり、「その他」という文言も22か所ある。「たいへん曖昧な文章で、いかようにもしていける」ことを指摘しました。

その上で、「この法律は地域の問題であり、自治体議員こそが反対の声を上げるべきである」と、二点を指摘しました。

一点目が、条文二十二条の問題です。北九州市も、個人情報保護条例により、情報の厳格な取り扱いを行ってきました。市民と行政との信頼関係を個人情報保護条例によって築いてきた。しかし、22条により、市民の財産権、プライバシー権にかかわるような情報提供が行われ、自治体と市民との信頼関係が崩れていきます。大変な問題です。

●市民と自衛隊の信頼関係を壊す

村上　二点目は、市民と自衛隊との信頼関係についてです。重要施設周辺の住民調査は、自衛隊も担うことになると考えます。それを隊員が負うのは非常にシビアで残酷な現実ではないでしょうか。私も10年ほど前に陸上自衛隊小倉駐屯地の目と鼻の先に住んでいたことがあります。自衛隊は毎年市民との夕べという盆踊りを開催し、そこで模擬店や花火大会を開き、秋には駐屯地の一般開放を行って市民との交流を続けてきました。さらに音楽部が地元住民と一緒に定期演奏を行ったりと、地域で市民との交流を長きにわたって進めてきました。そういう触れ合いの中で相互理解を構築してきたのです。しかし、やっと地元に根付いたと思われたその自衛隊が、今度は逆に手のひらを返したように市民を監視したり調査したりということになれば、自衛隊との信頼関係は崩れて行きます。

このように「行政と市民」「住民と自衛隊」の分断を招く法律は、市民の損失です。議員や市民に分かりやすい言葉でどう伝えていくかも課題になっていると思います。

馬奈木　自衛隊と市民が、調査する側とされる側になり、信頼関係が崩れていく問題は、すごく大事な視点です。私の生まれは福岡県の久留米市ですが、陸上自衛隊の幹部候補生学校があり、航空自衛隊の分屯地もありレーダーが設置されています。一方で夏のお祭りの時には一緒になって裏方さんをやったり、あるいはブラスバンドみたいな吹奏楽部の人たちが出てきたり、あるいは年に何回か駐屯地をオープンにして交流することもたしかにやっていました。自衛隊の横が団地だったり普通の民家だったりするので、一体になっているというか、そんなに区別されていないのです。その中で、住民を調べるのはまさか制服組ではなく背広組だと思いますが、それでも信頼関係への影響はそれぞれの地域では深刻な問題になるかもしれません。

（3）闘いをどう構築していくのか

馬奈木　次の問題ですが、この法律ができてから1年3か月以内に全面施行されることになっています。基本方針の閣議決定、審議会の設置などは、公布から1年以内となっています。いずれにしても2022年中にそういうことが進んでいく。少し時間があるといえばありますし、今までのご発言にもあったように、地方自治体の協力なしにはこの法律を動かすのは無理でしょう。先日も、内閣官房、それから防衛省のヒアリングをしましたが、準備室はできているのに、どういう順番で検討していくかという、その順番すら決まっていない状況でした。法律をつくったのはいいが、そのあとどう動かすかを詰めないまま法案を出してきたと思われます。現場の官僚も混乱している印象がありました。

そういう意味でも、この法律を動かさない、あるいは発動させないというところで、地域から動いていくということは、すごく大事だと思います。この点で、みなさんが抱えている事情や視点があると思います。先ほど「地元でメディアに対しても働きかけていく」という話もありましたけれども、何ができるかということでご発言ください。

●権限があるのにノーと言わない自治体職員

江尻　では茨城から。自治体との協力がなければこの法律が実効的には動かないという今のお話で思ったことです。自衛隊の募集の対象になる18歳以上、所によっては15歳以上の個人情報を自治体に提出させることが大問題になりました。茨城県の44市町村では、求めに応じてペーパーで出している所、名簿を出して向こうが書き写している所、やり方はさまざまですが、ほとんどの自治体が基本四情報を提供しています。提供されている子どもの親は、まさか自分の子どもの情報が出されていることを知らないままです。今回も住民や土地所有者側は知らないまま行政が情報を提供することになる。同じような仕組みです。

かといって、では自治体側がそのことにノーと言えるか。ノーと言う権限は持っているはずなんですが、自治体職員に聞くと、「国から求められれば拒否はできない」と言います。

安全保障上の問題であるとかテロ対策の問題と言えば、何でもまかり通ってしまう、自治体側はノーと言えないと思い込まされている。この自治体側の意識も、この法律でさらにがんじがらめにされてしまうのではないでしょうか。

今、千葉県の木更津駐屯地に暫定配備されているオスプレイが、今度、百里の自衛隊基地で初めての飛行訓練をします。防衛省が「8月から訓練をやります」と伝達には来たんですが、「8月に何回、いつやるのか、何月までやるのか」と聞いても、「それはテロ対策上、安全保障上、事前には教えられない。訓練終了後もいつやったかは教えられない」という返事です。茨城県庁の担当職員に「そんなことも知らせずにオスプレイの飛行訓練を許すのか。ノーと言えないのか」と言ったら、「そんな権限は私どもにはありません」という一点張りです。あと1年という中で何をしていくのかというのは、もっともっと知恵というかヒントが必要だなと、今日は感じています。

●調査される人の対象施設からの距離は

馬奈木　茨城の場合は、たとえば東海村の原発でいうと、1キロ圏内に道路もあれば、人も住んでいる。ほかの所でも、島根原発は松江に近いですし、川内原発でも1キロ以内に集落がある。茨城の東海村の場合も近いという印象があるんですが。

江尻　よく地元の方に聞かれるのが「対象施設から1キロとなっているが、原子炉建屋から1キロなのか、原子力発電事業所の敷地境界から1キロなのか」です。

馬奈木　敷地境界です。原発の真ん中から1キロとなると、ほとんどがまだ敷地内です。

江尻　東海第二原発の場合は、ほかの電力会社と違って、敷地が狭い中にたくさんの建屋があります。原子炉建屋から1キロでも、50世帯の民家があるぐらいです。建屋から直線960メートルに昔から住んでいる方をお訪ねしましたが、デーンと「原発再稼働反対」というポスターも掲げています。こういうことも許されなくなるのかなと心配になりました。

私の体験なのですが、東海第二原発の再稼働工事の進捗状況を視察するため事前に申し込んで車で行った時に、車に「脱原発」というマグネット式のシールを貼って行ったら、「それを取らないと入れない」と言われたんです。「これがもし『憲法9条を守れ』のシールだったらどうなんですか」と聞いたら、「それはいいんだ」と言うんです。ですから、すでに事業所側から個人の思想信条の自由を縛ることが行われているので、今回の法律によって、調査に立ち入った議員ではなくて、住民にまで「このポスターはいいけれど、このポスターは駄目だ」と言える根拠がつくられてしまうのではないかな、と思っています。

馬奈木　今の流れで新潟の中山さん、お願いできますか。

●自衛隊への名簿提供をめぐって

中山　自衛隊への名簿提供の問題で、今日の本題ではないんですけれども、少しコメントしたいことがあります。自衛隊への名簿提供は15歳と18歳からという話がありましたが、これは厳密に言うと法体系が違っています。

住基台帳の閲覧は住基台帳法に依拠しているので、自衛隊に限らず公共機関は基本的にはできるのです。今の法制度と実際の運用のされ方で行くと、閲覧はなかなか拒否できない。実際に拒否している小さな自治体はありますが、法体系の上では閲覧はなかなか拒否は難しいのが現状です。一方で自衛隊側は、自衛隊法の施行令に基づいて名簿提供を依頼しています。それは自衛隊員の募集のためで、15歳はまたそれとは別です。

昔は15歳で自衛官になれたのですが、有事法制導入の時に、未成年はできるだけ兵士には徴用しないという国際的な取り決めがあるので、15歳では自衛官になれないようにしました。ですから、15歳の場合は閲覧しかできない。

18歳以降は、その閲覧に加え、自衛隊が自衛隊法施行令に基づいて請求する、提供を依頼するという二つの方法でやられています。それに応えて、紙やタックシールで提供したり、電子媒体で提供したりする自治体が増えている、という状況にあるわけです。

ただし、閲覧がなかなか拒否できないことを考えると、提供することが本当に悪いかということです。私は現状ではむしろ自治体の裁量権があるほうが、つまり自衛隊法施行令で依頼されてそれに対応するほうが望ましい面があると思います。

実際に、福岡市で行われ、新潟市もこれからやろうとしているのは、「提供するのだけれども、拒否はできます」という立場での実施です。あくまでも自治体の裁量なので、「拒否したい人はちゃんと申し出てください。その人たちは自衛隊側に提供しません」という対応を取っています。新潟市では自衛隊と「提供はするから、閲覧はしないでね」という取り決めにしています。ですから拒否した人は絶対に——本当に絶対かどうかは別として——自衛隊側にはその情報は行かないやり方になっています。

この結果、自衛隊には協力するのだけれど、結果的には提供する情報が少なくなるということになります。自衛隊への名簿提供問題は、なかなか難しい問題を孕んでいるので、そのことだけ少しコメントをしておきます。

もちろん、ご両親や本人の知らないままに閲覧されたり提供されたりすること自体、非常に問題があります。ですから、閲覧も含めて見直す必要はあるのですが、今の状況でいうと、そういう裁量権が発揮できるようなやり方も、一つの解決策とは言えなくても、次善の策と言えるのではないかと思っています。

●法の発動を許さない闘い

馬奈木　今のは新潟市の例ですね。ちなみにこの法律では「執行機関」というものが出てきて、たとえば教育委員会などですが——市町村レベルと県レベルでは違います——、お話に出てきた取り決めというのは、これとはちょっと話が違うのですか。

中山　新潟市の取り決めには制度的な確証はなく、どれだけ法的拘束力があり、自衛隊側をいつまで縛れるかという問題はあるのです。今のところはお互いの紳士協定というか、自衛隊側も拒否している人がいるということ、新潟市がそういった対応をしていることはちゃんと理解した上で、そうしている状況です。今後の規制法への対応に参考になるかは分かりませんが。

馬奈木　法の発動を許さないということでは、たとえば沖縄の北谷町や名護市などでは、成立後いち早く意見書などを議会で採択したりしています。沖縄では、法律の影響を受ける所でもありますので、発動を許さない動きも活発になってくると思いますが。

仲村　物を言わせないような雰囲気をつくっていく一連の動きがあって、この法がその動きの一環になると思うので、警戒を高めなければいけません。ただ、今のところほかの自治体でも反対の意見書が出てくる動きが続いているかというと、実際はそうではなくて。まだまだ取り組みが弱いなという感じもします。

それと、先ほど村上さんの話を聞いていて思ったんですが、辺野古の新基地建設問題で、たとえ辺野古の基地ができたとしても、滑走路は短いんです。ですから海兵隊は、これでは充分用を足せないので、近い場所に3000メートル級の滑走路を必要としています。

そこで今、九州も含めて、全体的にこうして防衛線に立たされている中では、いつに間にか調査という名目で人々が物を言えない環境がつくられ、その中で基地の拡張とか建設も含めて利用されていきかねないなと感じています。

●中国脅威論をどう克服するか

馬奈木　この法律の一つの目的として、台湾問題だとか、対中国での対応と無関係ではないことが言われています。中国脅威論は一定の人の中にあり、今回の法案の提案理由の中でも語られていましたし、石垣や宮古、与那国、奄美や馬毛島まで含めて、どんどんどんどん自衛隊の増員と新基地建設の計画が進んでいます。沖縄県内は、米軍や地位協定の問題だと、みんなでワッと一緒になってやれると思うんですが、こと自衛隊になってくると難しさがあったりするのかなと思うのですが、どうなんでしょう?

仲村　対米軍と対自衛隊では、住民の受け取り方も少し違うし、運動の組み立ても非常に違うと思います。

尖閣の緊張状態が何度もニュースになる中で、漁民がわざわざ尖閣に行って漁をすることはありませんが、県民は非常に心配しています。また、離島の救急搬送などでは自衛隊の働きが非常に高く評価され、みんなが感謝をしています。一方で、自衛隊と米軍がどんどん一体化して共同の訓練をしたりもしている。その中で、どう反対の声を上げるかでも難しさは出てきます。

馬奈木　難しさは分かるんですが、どういう打ち出しが大事になってくるでしょうか。

仲村　先ほどから言っていますが、現実の課題が毎日大変なんです。PFOSの環境汚染の問題もそうだし、日ごろの日常的な爆音もそうだし、最近はまた米軍属による女性暴行未遂事件が起きています。こういった日常的な、軍事がもたらす人への侵害、人権や環境に対する脅威のほうが現実的で、県民は強く声を上げます。ですから、そういう抗議の声がいつの間に封じさせられかねない法律が可決されたことと無関係ではないということで、議論を深めるの必要かなと思います。

●自治体にはノーと言う権限がある

馬奈木　先ほど茨城の江尻さんから、百里基地の絡みで、自治体には権限がないと職員が言っているという話がありましたが、一方で沖縄県は、たとえばパラシュート降下訓練を嘉手納でやった場合には、県知事が抗議しています。他にも酒気帯び運転もあれば、建造物侵入もあれば、強盗未遂もあれば、部品も落ちてくるわ、不時着もあるわと、いろんな事件や事故のたびに関係各所に抗議をします。それは、権限があるとかないとか以前の問題で、自治体が誰のためのもので、誰のために何をしないといけないのかという、自治体の本来の役割への自覚の持ち方の問題であって、その気持ちの持ち方だけでも相当違ったりするのかなという気もします。

仲村　県議会もそうですが、事件・事故に対しては、全会一致で決議をあげることが繰り返されています。安全保障に対する考え方や受け止めを越えて、私たちの地域の住民、県民、市民が、人権の現場、生活の現場で、人権の砦となって自治体が動かなければいけないことについては、歴史的にもずっと党派を越えてやってきたことです。だから、やはり県知事が先頭に立つ、県議会がキチンと意思表示をすることが大事なのです。

中国脅威論等の受け止めについては、県民の中でも考えの違いが表面化していて、今、本当に難しい。しかし、そうはいっても現実に起きていることへの対応を、県民の人権の立場に立脚してやり抜くことが必要だと思います。

●安保法制その他全体の中に位置づける大切さ

馬奈木　中山さんは、デジタル関連法などを挙げて、今回の土地規制法を一つの法体系の中で位置づけていく発想が大事だというお話をされました。たしかに、この二つの法律には、内閣総理大臣に権限が集中させるなどの共通点があります。また、従来の刑法犯では実行行為の着手が原則となっていたものを、今回の法律にある機能阻害行為というのは、たとえば共謀罪の準備行為や計画みたいに、時間軸を前倒しにする側面があります。ですから、最近のほかの法律、あるいは政治的傾向の中で位置づけていくことも大事です。

中山　安保法制が議論になった頃ですが、法律の中に自治体や地方公共団体、都道府県知事、首長などの役割が具体的にどうなっているのかを洗い出したことがありまず。安保法制の議論は、集団的自衛権をめぐる解釈改憲などに集中していて、自治体がどうなるのかの議論がほとんどされませんでした。しかし、安保法制は、一つの新しい法律ともとからあった有事法制の合体版みたいな性格がありました。今の規制法との関係で言っても、まだ誰も言っていないし荒唐無稽な想定かもしれませんが、注意しておかねばならないことがあります。安保法制の中の旧有事法制体系の中に特定公共施設利用法があり、有事の際に港湾や飛行場など公共施設を国が使うことができることになっていますが、そこには「自治体が拒否できる」と書かれている一方、「必要な場合はそれを政府がまた取り消すことができる」とまで書かれていて、土地収用をしなくても、実際には使うことができる法律がすでにある。しかもその特定公共施設には道路だけでなく、先ほど仲村さんがおっしゃった空域や海域も、さらには電波まで含まれているんです。そういう特定公共施設とこの土地規制法とがドッキングして運用されると、よりひどいことになると思います。さらには、米軍等行動円滑化法も有事法制の一環で、安保法制の一つですけれども、有事の時に米軍のために土地や家屋、病院なども含めて、政府が強制的に利用できる規定もあります。

自治体はそうした法体系の中で政府から命じられて、あるいは自治体自身が主体的に、人々の制限や人権を抑圧したり、あるいは政府から逆に抑圧されたりする可能性がある。主体的な存在のはずなのに、自治体側は直接策定が義務づけられている国民保護計画以外は、こうした位置づけに関しては無関心なんです。そういう意味で、土地規制法で自治体がどういう位置づけにされているのかを、他のさまざまな法律との関連で認識することが重要だと思っています。

●自治体にはさまざまな可能性がある

中山 あともう一点。先ほど仲村さんが、沖縄県として、あるいは議会として行動する話をされたことの関連です。土地規制法とは違う話ですけれども、原発問題では新潟県は独自の検証委員会をつくっていて、原発に批判的な学者や研究者も含んで構成されています。これは今、知事が自民党系になって少し変質しつつあるんですが、すでに確立された委員会ですので、完全には変質させられない状況にあります。その中で、生活分科会という、避難生活がどれだけ人々を苦しめているかを検証している委員会があり、政府事故調も国会事故調も民間事故調もやっていない検証をしています。そういう意味では、自治体にはそういう可能性があり、実際にやっているということは、非常に重要なケースなので紹介しておきます。常に自民党系の圧力にさらされているわけですが、そうした自治体のスタンスは非常に重要ではないかと思います。

馬奈木 新潟の検証委員会は、本来は福島でやらないといけないことがなぜか新潟でやられていて、大事な情報が福島県から出てこなくて新潟のほうから出てくるのがこの間の動きでしたから、とても貴重な取り組みだと思っています。

岡本 8月3日でしたが、福島みずほ参議院議員と馬奈木弁護士、6・16集会を行った皆さんと、内閣府の重要土地調査法施行準備室と、防衛省とのヒアリングを行いました。繰り返しになりますが、「来年の6月22日までに施行した上で、基本方針や政令省令は9月25日までに決定する」という流れの説明を受けました。その基本方針を定めるため、準備室の官僚が20名から25名いるらしいんです。私たちは「基本方針を定める上でも、パブリックコメントを集めるべきだし、地方自治体や宅建業者などの関係機関にもちゃんと意見を聞いた上で定めてほしい」と要請をしてきました。こういうヒアリングは引き続き行います。官僚のほうも国会答弁のデジャヴのような感じがあり、しどろもどろ感がすごかったんです。「いや、実際何も決まっていないんです」と本当に言うのです。私たちの手でどんどん変えていこうと、逆にそれぐらいできそうな気がしてなりません。

全国の首長にに対して、「この土地規制法に対して内閣総理大臣が『情報を提供して』と言った時に、ちゃんと『うちは断ります』と宣言できるか」ということも聞いてみたいなと思います。

馬奈木　では白井さん、続けてどうぞ。

●個人情報保護の原則に立ち返って

白井　今年成立したデジタル改革関連法で個人情報収集の原則がかなり変わりました。個人情報は、本人の承諾の基づいて、直接本人から取得するという原則がなくなり、違法でなければどういう方法でも取得できると変わったり、今まで集めてはいけなかった思想信条や犯罪被害、病歴、犯歴、社会的身分などのセンシティブ情報を集められるようになってしまった。その結果、個人情報保護体系が大きく変わってしまうと危惧しています。法律によって原則が変わっても、個人情報保護の観点から、今までと同じように、個人情報を簡単に第三者に提供できないし、目的外には利用できないということを、もう一度自治体に分かってもらう必要があります。実際、自治体職員にとっても、個人情報をホイホイ出すのはすごく違和感がある話だと思います。今後、政令や省令ができる過程では新しい議論になってしまうでしょうが、自治体は今までの原則を堅持して第三者への情報の提供を難しくすることで、実際に法律ができたとしても実効性をなくすことが大事です。

最近はスーパーシティ法案のように、民間に官の情報を出して、それをＡＩで活用するみたいに、情報を第三者に提供するほうにかなりシフトしてしまっています。しかし、やはりそこはプライバシー権をしっかり立て直すような形で、自治体職員にも、それは問題があると考えてもらいたい。そこからスタートしないと、政府から要請が来たら「ああ法令上の根拠だね」と、個人情報を簡単に提供されてしまいます。どこの自治体でも同じことができるので、問題意識を広げていければいいのかなと思います。

●地方と国、平時と有事の関係も論点になる

馬奈木　大事なご指摘です。地方分権推進一括法が

2000年初期にできて、改めて中央政府と地方自治体の関係は法的には対等だと――憲法上もそうですが――確認された。ところが他方において、デジタル関連法もこの土地規制法もそうですが、安全保障にかかわる情報の場合には、あたかも自治体は国の下請け機関かのごとき扱いにもなっている。

先ほど中山さんがおっしゃった国民保護法制や安保関連法は、一応有事の事態の話だったのが――それ自体も問題なんですが――、今回の土地規制法は完全に平時の時からそうしますという話なので、そこも話が変わってきている。

何層にも地方と国の関係、あるいは平時と有事の関係、そういう場合の個人情報とかの扱いが論点になります。先ほど岡本さんもおっしゃったヒアリングの時にも、内閣官房は、個人の情報をどう収集していくかの分類とか編成にはこだわっていたというか、結構強調していたところです。

土地の登記簿や事業所の登記は公開情報なのでいいとしても、その固定資産税にかかわる台帳のようなことがたぶん最初の第一歩で、そこから始まって、何をどこまでという綱引きになる。政府もいきなり華々しく、杉田水脈議員が要求するような運動の弾圧みたいなことからは始められないと思いますので、やはり土地にかかわる利用実態の、さらに前提としての所有関係、利用関係にかかわる資料を集めるところから始めるのかなと思います。このあいだのヒアリングはそんなところが強調されていたような気がします。だとするならば、その辺りで自治体が何を提供するのかしないのか、あるいはちょっとがんばるのかが大事になるという気がします。

●小学生にも伝わる言葉で語ること

村上　冒頭に言いましたが、まず、この土地規制法という名前自体が非常にミスリードを誘い、トリッキーです。中身をみなさんに理解していただく工夫をしないと危険性が伝わらない。街宣などでも、難しい言葉が非常に伝わりにくい世の中になっていると感じています。小学生が理解できる平易な言葉で語らないと、なかなか伝わらないのです。私も伝え方に非常に苦心します。

この土地規制法も、私は最初に内容を読んだ時に「あ、これはもう緊急事態条項の先取りだな」と思いました。

総理の考え一つで個人情報を収集できる、総理が何でもできてしまう法律です。たとえば「総理大臣がなんでもできちゃう法だよ」とか「総理大臣の個人収集法だよ」など、わかりやすい伝え方も検討すべきだと思います。

全国の県の弁護士会から、この法案に反対する声明が出ましたが、それもかなり難しい言葉で書かれている。ほとんどの市民は関心が持てません。法律が難しい言葉で書かれているので、それに対抗する声明も当然ながら難しい言葉になるのは分かるのですが、そこを優しく紐解きながら伝えていくことが大事です。

また、私たち議員も、弁護士会と連携し、市民ににお伝えする場、勉強会などをを設けたりできないかと思っています。一部の議員や有識者だけが頭を捻って土地規制法を廃止するにはどうしようかと考えるのではなく、市民全体、国民全体に理解を広げていくということが、これから非常に大切になってくると思います。そこは知恵を絞っていきたい。

おわりに――廃止に向かって

馬奈木　それぞれの地元で、地元のメディアに対する働きかけ、あるいは地元の自治体の職員の人、同僚の議員、当然地元の有権者の人に対する働きかけをしていく。それをできるだけ分かりやすくとか、弁護士会と一緒にとか、そういう話もありました。議会での意見書の話も出てきました。さらには、特定の国籍の人たちを仮想敵視するような考え方の問題とか、あるいは沖縄などに象徴される基地被害や基地負担とどう結びつけるかという話もありました。

やらなければならないことはたくさんあるし、いずれも大事な問題だなと思いますけれども、この法律を廃止するため、あるいは発動させないために、さらに補足的な発言があればお願いします。

●沖縄問題でも前向きな変化が生まれている

仲村　今、沖縄県と政府の対立の状態が有事そのものになっています。本日も、辺野古の基地建設をめぐるサンゴの移植の件で、沖縄県の判断を無視して、事業者である防衛省の申し立てを農林水産省が認めるという、地方自治を無視して内閣が握りつぶすやり方をしてきました。沖縄では、どんなに民意をもって抵抗しても、あるいは法治主義に則って地方自治の力を発揮して判断しても、そういう政府のやり方が繰り返されながら、地方自治が押しつぶされてきました。それがずっと続いてきましたし、今も続いています。

ただ、その中で二つ大きな動きがありました。一つは、都道府県知事会がこの地方自治の視点、地方分権の視点に立って、地方自治体の判断を内閣の握りつぶしで終わらせるというのはいかがなものかとして、知事会として国に見直しを求めました。知事会としての認識が示されました。

もう一つ良かったのは、最高裁でサンゴの問題で争われ、沖縄県が相変わらず負けたんですが、五人の裁判官のうち二人が反対意見を示した。これは初めてのことです。

司法の良識も含めて示されたことは、私たちが問題認識を持って粘り強く声を上げることの大切さを示していきます。諦めずに声を上げていくこと、そういった意思をちゃんと表明できるような社会をつくっていくことが、一つひとつ小さな変化を生み出していくことだと思います。希望を持てることが今回二つあったので、それを共有しながら、この法に対してもさらに取り組みを進めていく必要があると思います。

馬奈木　ほかの方、いかがでしょうか。

●政府も間違うことがある

中山　少し象徴的なエピソードを一つ、お話ししたいと思います。これから何ができるかということに直接かかわらないかもしれないんですけれども、

先ほどの自衛隊名簿の関係で、15歳は自衛官の身分ではなくなったので、自衛隊側は提供依頼ができなくなったと言いました。それは2005年ぐらいの制度変更からそうなったのです。ところが新潟市への情報公開請求によって、自衛隊側がその後もずっと、15歳についても提供依頼を出していたことが分かったんです。国会の阿部知子事務所を通して政府への質問主意書を出してやり取りする中で、新潟だけではなくて、全国の何か所かでそうした対応をずっと続けていたことが分かりました。当初、防衛省は、現場がそういう対応をしていたこと自体、知らなかったみたいです。それが結局、情報公開請

求と質問主意書という、かろうじての民主主義的な制度の中で明らかになったという事例がありました。
この事で分かったのは、政府も間違うことがあるということです。政府も、現場が間違った対応をしていることすら知らないで、こういうことをやっていた。そういう意味では、この土地規制法だけではなく、政府がかなり何でもできるような法律になっているからといって、すべて何でもできるわけではないということを、我々の側も認識することが大事です。先ほど粘り強く声を上げるという話もありましたけれども、さまざまな制度を利用して、あるいは法律の知識や、あるいは国際法なんかも重要ですし、そういうところも学んで声を出しつづけることが重要ではないかと思います。

馬奈木　そうですね。石垣で自衛隊基地建設にかかわって情報公開請求したら、防衛省のほうが住民を犯罪者扱いするかの感じで拒否したこともあったりしました。一方で那覇市では、親泊市長の時だったと思いますが、情報公開のために裁判までしたこともあります。先ほどの最高裁の二人の判事の話もそうですけれども、やはり沖縄は徹底してやるなと思います。そういう積極面もあります。制度を使いながら、まさに法律の建て付けの中でやっていくというのも、沖縄の場合は難しいところがあるかもしれませんけれど、すごく大事なところだと思います。司法の場は多数決の世界とはまた別のフォーラムになるので、そこの可能性というのは多分にあるし、使っていける民主的な制度は使い倒さないといけないと思います。

●視点の違う議員団だからプラットフォームになれる

岡本　みなさんのお話をそれぞれ聞かせていただいて、私は少し考えが変わったことがあります。同じ方向を向いているのは、今日また新たに認識が強まったんですが、今までは同じような行動を揃って行うことが大事だとばかり思っていたんです。一つひとつの力が固まれば大きな塊になって声が届くのではないかと思ったのだけれども、今日議論してみると、みなさんそれぞれ視点が違うじゃないですか。私にない視点がとてもあって、本当に勉強になりました。自治体議員団にはそれぞれ背景も違ういろんな人たちがいて、目標が「廃止」というのは一緒だからこそ、この自治体議員団がプラットホームみたいなみんなの居場所になればいいかなと、今日は思いました。

沖縄の話ももっと聞きたいし、白井さんの外国人の人権の話も聞きたいし、中山さんの安保の話もすごく聞きたいし。もっともっと聞きたい、もっともっと勉強したいと、すごく思いました。自分の分かっていない観点からも勉強会を開きたいので、たとえば「沖縄の勉強会をやりたいから、じゃあ仲村さんＺｏｏｍで出てください」といったことが、いろんなバリエーションで、シリーズで何十回もできるのではないでしょうか。すごく広がったなと、今日の座談会を通じて思いました。

ちょっと忙しくなりそうです。来年の六月までだから。六月までにいろんなアクションを、それぞれできることで起こしていきたいと思いました。

馬奈木 たしかに、定期的にミーティングというか情報を共有したり、それぞれの取り組みの経験交流をしたり、みたいなことも大事ですよね。私も今日、すごく勉強になりました。この議員団で継続的にやっていけると素晴らしいと思います。ありがとうございました。

2、〈レポート〉私たちの自治体ではこう闘います

（1）茨城県の反基地・脱原発運動と規制法

――百里基地と東海第二原発を例として

茨城県議会議員　**玉造 順一**（立憲民主党）

衆議院内閣委員会で、「重要施設周辺及び国境離島等における土地等の利用状況の調査及び利用の規制等に関する法律」（以下、「規制法」）案審議が行われていた２０２１年5月19日、いつも情報交換している岡本ゆうこ・松戸市議から「立民、土地規制法に修正案　骨子罰則撤廃、区域限定削除」（『琉球新報』２０２１・5・17）という記事とともに、「脱原発や反基地運動が弾圧される危険性がある法案の廃案をめざす動きをつくろ

う！修正案も問題だから、自治体議員有志で廃案を求める要望書を党本部へ提出しよう！」というＬＩＮＥが送られてきました。

日本原電東海第二原発や航空自衛隊百里基地を抱える茨城県では、多くの市民団体が脱原発や反基地の活動を頑張っています。それらの運動の中に身を置く私は、岡本市議からの連絡を受けて、自らの不勉強を恥じるとともに、居ても立ってもいられない気持ちに駆られました。同じ時期に地元の民主団体から「規制法案反対の署名活動を始めたい」と相談もあったため、急いでネット上の法案に目を通しました。確かに国会での野党の追及通り、条文からは政府が調査しようとしている範囲や自治体への協力要請の内容に限定がありません。

私は法案を読みながら、原電前の抗議行動、核燃輸送追跡、百里基地の一坪運動、平和公園での初午まつりなど、県内で取り組まれている市民運動の場面が脳裏に浮かびました。

また、自治体議員として、政府の都合のいいように協力させられるであろう自治体行政のことも心配になりました。地方分権一括法の施行から21年経過しましたが、新型コロナウイルス感染症対策ひとつ考えてみても、政府は責任を取ろうとしないまま自治体に助言・勧告を連発し、挙句の果てに事業を自治体に丸投げし、現場の混乱と疲弊を招きました。

財政的制約による行政〝改革〟は、自治体職員の減少と非正規職員の増加を生み出し、災害対応や感染症対策に大きな影響を与えています。こうした状況で、規制法に基づく新たな法定受託事務を増やす意義は、少なくとも住民自治を重要視する立場からすれば見当たりません。限られた自治体のマンパワーを、住民の自由権や財産権を監視・制限することに動員させることは、労多くして益なしと言えます。

以上のような問題意識から、茨城県内の航空自衛隊百里基地と東海第二原発の問題から考える規制法の問題点について報告したいと思います。

●百里基地問題と規制法

スカイマーク機で茨城空港を離着陸するとき、滑走路横に「自衛隊は憲法違反」と書かれた大きな看板が見えます。この茨城県小美玉市にある空港は、航空自衛隊百里基地との共用空港です。

１９５６年、旧小川町の百里が原に基地建設計画が発表になって以来、「戦争のために土地を売らない」という開拓農民たちを中心に、誘致派町長のリコールと反対派女性町長の誕生、裁判闘争などをはじめとする基地反対闘争が取り組まれました。

その闘いの肝は、地権者が政府に土地を売るか売らないかでした。政府による懐柔や圧力もあり、多くの農民は土地を売却しましたが、地元反対運動のリーダーたちが滑走路予定地にかかる12アールの土地を取得し、その後「一坪運動」が展開され、６９６人の共有地になっています。１９６４年にその共有地部分を避けて誘導路が建設されたため、今でも百里基地の誘導路は「く」の字に曲がったままです。

毎年2月11日には、基地のど真ん中にある平和公園の百里稲荷神社で「百里初午まつり」が盛大に行われています。公園までの道のりは少し分かりにくいかもしれませんが、首都圏唯一の戦闘航空団を擁する重要基地を横目にしながら、平和や憲法9条を肌で感じたいと思われる方は、ぜひ参加してみてはいかがでしょうか。

百里では、１９７８年に始まった「新一坪運動」（地権者３００人超）、「平和地主運動」（遺贈を受けた平和公園内の土地を一般社団法人が所有）と合計３回にわたって一坪運動が取り組まれ、冒頭の「自衛隊は憲法違反」の大看板などが設置されています。

規制法に関する国会答弁をもとにすれば、司令部機能のある航空自衛隊百里基地は特定重要施設ですから、その概ね1キロ以内が特別注視区域となります。特別注視区域では、土地・建物の所有者とその関係者が調査されたり、報告を求められて応じない場合には罰則が科されることに加え、一定面積以上の土地・建物の売買の事前届出義務づけや、妨害行為への罰則付きの中止命令が規定されています。

これを百里基地反対運動に即して考えると、１０００人以上の一坪運動地主（死亡などで相続が発生しているでしょうから、実際はそれ以上）とその関係者が調査の対象となったり、平和公園にある小屋や櫓が基地の機能阻害行為として利用制限の命令が出されたりすることが懸念されます。いや、一坪運動で誘導路を「く」の字に曲げていること自体が機能阻害行為に該当するかもしれません。

このように、百里で60年以上取り組まれている反基地運動は、規制法が想定する典型的な事例のように思われます。余談ですが、茨城空港は２０１０年に営業開始しましたが、当初空港ビル２階にある展望デッキは自衛隊基地側が見えないように、特殊な摺りガラスで囲まれていました。ところが空港を訪問する見学者から「展望デッキなのに展望できない」と多数の苦情が寄せられ、県は自衛隊と交渉して通常のガラスに交換しました。「安全保障上の理由」のいい加減さを象徴する出来事として、深く印象に残っています。

●東海第二原発と規制法

茨城県東海村に立地する東海第二原発は、日本原子力発電㈱が所有する出力１１０万キロワット、東京電力福島第一原発と同じ沸騰水型炉で、１９７８年に運転を開始しました。東日本大震災では外部電源を喪失し、津波があと70センチ高ければ全電源を喪失し、原子炉の冷却ができなかった可能性が高かったと言われています。

この関東で唯一の原発、東海第二原発を巡っては、再稼働を推進したい勢力と、それを食い止めたい市民運動側の双方が活発に動いています。日本の原発は運転開始から原則40年を寿命とすることが法律で定められており、それに照らせば、東海第二原発は２０１８年11月にその法的寿命を超えた老朽原発です。

同原発は、東日本大震災で制御棒が挿入されて以来運転を停止したままですが、既に新規制基準と40年超の特例運転に関する規制委員会の審査はパスしており、２０２２年12月を目標とした安全対策工事が完了すると、再稼働のハードルは、全国最多のＵＰＺ圏内96万人を対象とした実効性ある広域避難計画の策定、そして県・東海村と周辺５市の地元同意を残すのみとなります。

今年３月18日、水戸地方裁判所が広域避難計画の不備を理由として、同原発の運転差止めを命じる画期的な判決を出したことをご存じの方も多いと思います。

この裁判の大きな争点にはなりませんでしたが、判決中「原子炉立地審査指針」にも言及しており、原子力規制委員会が立地審査を採用していないことに関しては「疑問がある」と述べられています。

「原子炉立地審査指針」とは、１９６４年に原子力委員会が制定した内規で、原発を建設する前提として、周辺は「非居住区域」、その外側は「低密度人口区域」であることを求める内容となっています。

しかし、原発からどれくらい離れたところまでが「非居住区域」あるいは「低密度人口区域」なのかは定義されず、一度審査を通れば、その後にどんなに周辺人口が増えても放置されてきたことによって、形骸化してきた実態があります。

東海第二原発が立地する東海村の人口は、日本初の商用原発だった東海原発が着工した1960年が約1万4000人、東海第二原発の建設が始まる3年前の1970年が約1万9000人、そして現在は3万8000人と増加の一途を辿りました。

これについて原子力規制委員会は、東電原発事故後にできた新規制基準について「放射性物質の閉じ込めに重点を置いており、放出を想定した指針の考え方は取り除いた」と説明し、従来の立地指針が死文化したとの認識を示しています。

しかし、東電原発事故では膨大な放射性物質が外部に放出されましたし、新規制基準においても最終手段としてのベントは残されている中、過酷事故時において可能な限り住民の被ばくを回避するという視点で、原発の立地は人口密集地を避けるというかつての立地指針の安全思想は重要ではないでしょうか。

さて、東海第二原発原発の炉心から1キロの範囲を地図と地区人口統計をもとに計算してみると、概算で64世帯に129人が居住しています。この地域は「注視区域」として、政府が不動産登記簿を使って調査できるようになるほか、所有者が外国と関係が深いなどの場合は、利用目的の報告を求められるかもしれません。再稼働反対の活動をしている仲間の自宅も原発から1キロの距離にありますが、ある日突然警察官か役場職員が訪ねてきて「お宅でどんなことをしているのか教えてください」なんて言われるだけでも気分のいいものではないですし、隣近所で聞き込みなどされるようなことになれば最悪の事態を招きかねません。

先述したように、本来原発は人々の生活するところに立地すべきではない迷惑施設です。ところが規制法は、原発を優先させ、土足で周辺住民の私権に入り込んで来ようとするものです。それに、そもそも規制法でなぜ原発が、自衛隊や米軍施設、あるいは国境離島と一緒くたにされているのかが疑問です。

規制法で原発周辺住民を疑うのではなく、福島の人々の故郷や生活を奪った原発をゼロにする決定こそ、政府に求めたいと心から思います。

私は、政府の行為によって、地域で暮らす人々の間に疑心暗鬼を招き、分断を生むようなことがあってはならないと思っています。これからも全国の仲間たちと粘り強く規制法廃止を求め活動していくことは当然として、廃止されるまでは法の具体的な運用を監視し、問題が起きた場合、広く社会に告発しようと考えております。

最後に、この間、勉強会や廃止を求める活動に精力的に取り組まれてきた関係各位に、心から感謝申し上げます。

（2）千葉県内の市町村議会の動き

千葉県松戸市議会議員　**ミール　計恵**（日本共産党）

千葉県内には自衛隊の関連施設は主なもので14か所あります。防衛省はすでに２０１３年から２０２０年にかけて全国６５０の米軍・自衛隊基地（防衛省施設含む）に隣接する土地の調査を行い、所有者約８万人が対象になっています。その中には、千葉県内の陸上自衛隊習志野駐屯地（船橋市）や同松戸駐屯地（松戸市）、海上自衛隊下総航空基地（柏市、鎌ヶ谷市）、航空自衛隊木更津基地（木更津市）など18件が含まれています。

このような状況から、今後「土地取引規制法」が運用されるにあたっては、千葉県内の自衛隊基地等が、調査の対象となる注視区域や特別注視区域に指定される可能性が高く、多くの住民への影響が懸念されます。したがって不当な調査や規制により、住民の権利が侵害されることがないよう今後の政府の動きを注視する必要があります。また本法律と付帯決議では地方公共団体の協力と意見聴取が規定されていますが、地方公共団体がどのような姿勢で臨むのか、またどのような対応をするのかも適宜自治体に確認し、問題があれば改善させていく必要があります。

またそもそも調査の主体も対象も内容もあいまいで政府に白紙委任され、国民が監視の対象となる、憲法違反の本法律は廃止すべきであり、地方議会としても国に対して廃止を求める意見書の提出や決議を行うことも重要です。

●主な自治体における動向

２０２１年8月28日現在、千葉県で、土地取引規制法に関する意見書や陳情が議会に提出された自治体は、これまでに確認されているだけで松戸市と船橋市の２市です。2市とも同年6月議会に提案され、残念ながら２市とも反対多数で不採択となっています。そこでまずこれら2市について提出された経緯や結果、関連する一般質問について報告します。

まず意見書が提出された松戸市についてです。松戸市では日本共産党と立憲民主党が提案者となり、国会で強行採決された翌日に「憲法に反する『重要土地調査法』の廃止を求める意見書」を提出しました。松戸市では意見書については委員会に付託しない運用となっており委員会での審査はなく質疑のみですが、質疑も討論もありませんでした。最終的には賛成14名、反対29名で不採択となりました。

また、一般質問では岡本ゆうこ議員（立憲民主党）が松戸市で注視区域指定をされる可能性の高い、陸上自衛隊松戸駐屯地の周辺で対象となる住民がどのくらいいるのか質問しました。市は松戸駐屯地の周辺1キロメートルの正確な住民数は把握していませんでしたが、隣接する区域は3区域、3区域合計の世帯数は４３７７世帯、９３０８人、うち外国籍住民は３０１人との答弁がありました。しかし今後の対応についての質問には法案審議中のため、法律、政令に従って適切に対処するとの答弁にとどまりました。

次に船橋市の状況です。船橋市には陸上自衛隊習志野駐屯地および演習場があり、日常的に騒音や訓練による落下物など基地の被害に悩まされているところです。そのため、それら基地に関する抗議運動も継続的に行われています。

今回そのような抗議運動を行う市民団体の一つである「どこの空にもオスプレイはいらない@フナバシ」という市民団体から「土地利用規制法廃止を求める意見書提出を求める陳情」が提出されました。当団体のメンバーのフェイスブックを読むと、「基地周辺に住む住民の一人として、さまざまな被害に苦しんでおり、その改善のため抗議運動を行っているが、この法律ができたらそれらの行動も基地の『阻害行為』とみなされ、抗議の声をあげられなくなるのではないかとの危惧から、陳情提出に至った」と書かれていました。

本陳情については委員会への付託も省略され、議会内での議論もないまま採決となり、討論も坂井洋介議員（日本共産党）の賛成討論のみで、反対討論はありませんでした。しかし船橋市でも賛成14、反対49で不採択となりました。

また金沢和子議員（日本共産党）が一般質問を行い、「本法律では自治体への協力要請が規定されているが担当部署はどこか。」との質問に市は「安全保障は国の専管事項であり担当部署は設けない」と答弁しています。

さらに柏市では意見書は提出されていませんが、2021年6月議会の一般質問で取り上げられています。柏市には海上自衛隊下総基地、航空自衛隊航空システム通信隊柏送信所、および陸上自衛隊第二高射特科軍柏高射教育訓練場の3つの自衛隊基地があります。武藤みつえ議員（日本共産党）はこれら3つの自衛隊基地周辺の住民の人数を市は把握していないことを述べたうえで、市が周辺住民の個人情報を提供しなければならなくなることについての市の見解を聞きました。市長は「市内の防衛関係施設が対象となるかも含め、対象となる調査範囲や罰則の対象範囲について市民生活にどのような影響があるのかを注視していく」と答弁しました。

●意見書の採択など自治体に協力させない闘いを

自衛隊基地などのある他自治体でも今後意見書提出の動きもあるようですが、そうでない自治体では、議員でもあまりこの法律を知らない実態があると感じました。政府は来年6月1日には基本方針策定、政令、内閣布令を公布、同9月1日には「注視区域」「特別注視区域」を指定し利用状況などの調査に着手します。

私たち自治体議員としては、この法律の問題をより多くの市民や議員に知らせ、議会として国にこの法律の廃止を求める意見書や決議を可決し国に声を上げていくことが重要です。また同時に廃止されずに施行されても運用の段階で、首長に自治体として協力させないように働きかけることも必要です。引き続き議会でも取り上げ、自治体の動きも注視していきたいと思います。

意見書提出は全国ではまだ北谷町、名護市、中城村、旭川市の4市にとどまっていますが、引き続き全国の自治体議員と連携を強め、意見書、決議の採択を目指し、さらに歯止めのない住民のプライバシーの侵害と私権制限、住民運動の弾圧につながる憲法違反のこの法律の廃止へと全力を尽くしていきたいと思います。

(3) 小金井市議会での意見書可決とその後

東京都小金井市議会議員　**片山かおる**（無所属）

5月半ば、小金井の市民等で構成されている市民団体「小金井平和ネット」のメーリングリストの中で、「重要土地調査規制法案に関する緊急声明」への賛同の呼びかけがありました。私は恥ずかしながら、それまでこの法案について、きちんと把握をしていませんでした。

この呼びかけを見て、急遽、法案について調べたところ、特に沖縄のほとんどが政府の監視下に置かれるようなとんでもない法案だとわかりました。

●意見書の採択に向けた動き

急ぎ、どこかの自治体議会からの意見書提出が必要と考え、ＮＡＪＡＴの杉原浩司さんなどに相談しながら作成しました。

小金井市議会は定数24人なので、2人以上の提案議員がいれば議員提案の条例や意見書などを提出できます。毎議会ごとに10本前後の意見書が提案されています。

これまで私が作成してきた意見書案文は、２０１１年3月以降は原発事故被害者支援に関わるものがほとんどですが、沖縄の基地問題に関するものも含め、これまで提案した意見書は全て賛成多数か全会一致で可決されています。

土地規制法案の意見書は急ぎの提出が必要と考えていたので、議会開会前に開かれる議会運営委員会では、議会前半での採決をお願いしました。その後、各会派にヒアリングをしていく際、外国資本への警戒感を露わにする会派がいくつかありました。

11会派中、5会派から提案議員のサインをもらってはいましたが、ギリギリで通るか通らないかわからない状況でした。

私の説明が不十分だったとも考えますが、各人がそれそれのソースで勉強して、それぞれで判断するのが小金井市議会らしいところでもあります。

沖縄の辺野古新基地建設について、沖縄に押し付けず国民的議論で民主的解決を求める陳情と意見書を、全国で初めて採択した小金井市議会として、少なくともかつて賛成した議員が、沖縄の負担を増大する法案に賛成し本意見書に反対するのは、自己矛盾になる、と考えましたが、深く議論する時間がないまま、意見書賛成者を増やす調整に画策しました。

結果、6月11日の小金井市議会本会議にて、賛成多数で可決されました。採決態度は下記の通りです。

『憲法と国際人権規約に反する「重要土地調査規制法案」の撤回を求める意見書』

賛成12：市民といっしょにカエル会（片山）、共産4、みらいのこがねい2（立憲1）、小金井をおもしろくする会2、生活者ネット1、緑つながる小金井1、元気！小金井1
反対11：自民・信頼5、公明3、みらいのこがねい1、情報公開こがねい1、こがねい市民会議1
※議長（みらいのこがねい・立憲）は採決に加わらず

●その後も継続的に取り組む
その後、小金井では8月8日に、遺骨土砂の使用に反対するシンポジウム『#DontKillTwice #遺骨を使った辺野古新基地建設に反対します Part2』が開かれました。

辺野古新基地建設についての陳情と意見書が採択されたことをきっかけに結成された「沖縄の基地問題を考える小金井の会（okinawa-koganei)」主催です。

講師の1人の井筒高雄氏（ベテランズ・フォー・ピース・ジャパン共同代表）には、「土地規制法の問題点と自衛隊の南西シフト」と題した講演を依頼し、この法律の問題と、実際に進められている沖縄南西諸島への自衛隊の過剰なシフトが、かえって政情不安を起こす可能性について語っていただきました。

小金井市には、この法に該当する重要施設は今のところ存在しませんが、隣接する府中市や小平市には該当施設があり、距離的にはギリギリのところです。

福生市など何市かを跨ぐ横田米軍基地、立川の自衛隊基地の存在は、隣接の自治体にも多大な影響を及ぼすことになります。多摩地域全体の問題として捉えていくべきです。

ただ、まだこの法の問題が一般的には十分に周知されていません。

沖縄の基地問題とも、原発問題とも、私たちの身近な暮らしとも密接に関係する、土地規制法の問題について、さらにわかりやすい角度からの学習を深め、撤回にむけて進んでいくべきと考えます。

（4）空自築城基地を抱える築上町と土地規制法

福岡県築上町議会議員　宗 晶子（無所属）

私がこの法律を知ったのは、2021年4月17日に開催された社民党党首の福島みずほ氏の「みずほ塾」でした。福島氏が語られた法案への懸念は私を愕然とさせるものでした。その後、航空自衛隊築城基地周辺の町民にこの法案の周知が絶対に必要だと、6月議会定例会での一般質問を行うなど活動していく中、全国自治体議員団に出会う事ができました。

●米軍基地化する築城基地

まず、築城基地の状況を説明します。

2018年に有事などの緊急時の受入れのため築城基地に米軍が使用する庁舎・宿舎・駐機場・弾薬庫建設と滑走路を300メートル海側に延長して、2700メートルとすることが発表されました。2019年より事業が進められています。滑走路以外は2022年までに完成予定です。2006年の「日米ロードマップ」には「普天間基地の代替施設として辺野古新基地を建設する。これに関連し普天間飛行場の返還の前に緊急時使用のための築城基地と新田原基地を整備する」と記載されています。

築城基地の米軍基地化を懸念し、2019年6月2日に築上町ふるさと公園広場において約1500人が結集し、「築城基地の米軍基地化を許さない福岡県民集会」を開催。これは「県総がかり実行委員会」と「戦争への道を許さない県フォーラム」の共催で、私は司会を務めました。集会では、30年にわたり築城基地前で座り込みを続ける「平和といのちを見つめる会」渡辺ひろ子代表が「2018年から急に米軍機の飛来がそれまでの年間1、2機から20機以上になった。」と語りました。その日は日曜日にもかかわらず、集会中にＦ２戦闘機が猛烈な爆音を立てて上空を通過した事を鮮明に記憶しています。

集会をきっかけに２０１９年11月5日、井上高志氏を代表に「築城基地の米軍基地化を許さない!京築住民会議」（以下「住民会議」と呼ぶ）が発足しました。住民会議は早速、基地近隣3自治体（行橋市・築上町・みやこ町）議会へ「築城基地の『拡張反対』の意志を表明することを求める請願」を提出しました。残念なことに、請願は全ての議会で否決されました。

住民会議が請願に「拡張反対」と記したのは、同年8月防衛省より、基地に隣接する築上町西八田地区14ヘクタールの拡張計画が発表されたからです。基地拡張の理由は「約40機の自衛隊機が常駐する築城基地に、災害などの際は20機程度が飛来すると想定し、新たな駐機場を整備する」です。既に騒音被害を受けている住民から「騒音が増すのでは」「基地を拡張すれば米軍も使用するのでは」との不安の声が多くあがり、それに対し防衛省は地元説明会などで「基地拡張と米軍再編計画は別の話」とし、拡張が必要な理由に「安全環境の変化」や「災害の増加」を強調しました。しかし、地元住民は、防衛省が20年度予算に農地買収費用を、説明の前から既に概算要求していたことに対して、不信感を抱いています。「具体的説明をせずに『安保環境が厳しいから』と納得させようとしている。」との憤りの声が報道されました（「毎日新聞」２０２０年9月21日付）。対象地域の今津自治会は２０２０年11月10日の臨時総会を招集し、「築城基地拡張に反対する宣言」を議決しました。結果、防衛省は20・21年度の農地買収費用は計上しませんでした。

以上が築城基地の状況です。

●議会における論戦と追及について

この経緯を踏まえ、２０２１年6月10日築上町議会一般質問で重要土地規制法案について一般質問をすることにしました。この質問をしたのは私と日本共産党の池亀議員でした。本法案は報道が少なく、住民会議代表ですら議会一般質問直前まで、本法案を知り得ていない状態でした。当日の傍聴席は満員で、私は傍聴者に関心を持ってもらおうと、住民会議メンバーや友人に頼んで、私の質問原稿を急ぎ配布してもらいました。質疑の要旨は下記の通りです。

【宗 晶子 質問】外国資本による土地購入に安全保障上の懸念があり本法案を提案しているらしいが、過去にその懸念がなかった旨、国会答弁。外国資本による土地購入を防ぐ事は、法案のどこにも書いていない。それなのに調査対象は国民。町長に対しては「総理大臣が資料の提供・意見開陳・その他協力を求めることができる」と明記。町長は総理が求めたら、協力するのか。法案は憲法違反だが。

【築上町長 答弁】基地を攻撃するような外国の皆さんが来たら困ると理解。憲法違反ではないと思う。法案が決まり、町に求めてきたら可否を考えればいい。

【日本共産党 池亀 豊議員 質問】本町の基地に隣接する今津自治会は、基地拡張反対を決議。法案は「調査に基づき利用をやめるよう勧告・命令することができる」とし「勧告や命令に従うと土地の利用に著しい支障が生じる場合、総理大臣に買取りを求めることができる」としている。これは事実上の土地収用に繋がり、今津地区住民の意思を踏みにじり、財産権や居住の自由を脅かすものになるのではないか。

【築上町長 答弁】極端な質問でございますけど、そういう事態になればこれは当然拒否して行かざるを得ないし、強制して立ち退きをさせるとかいう法律ではないと理解している。（ちくじょう議会だより第58号より）

後日、傍聴者の一人が「こないだ町長に会ったけん、『なんだ、あの答弁は！あんたもっと勉強しろ！』っち、俺は町長にものすご怒ってやったけんなあ！」と憤っていました。また6月16日の朝、深夜の国会議決に驚いた友人から「恐ろしいことになったね。これからどうなるんやろう?」とメールが届き、形の無い恐怖を皆が抱えていると思いました。

住民会議では２０２１年8月23日に基地近隣3自治体の長及び議会に「法の廃止を求める要望書」を提出しました。その際の意見交換で築上町長は「この法は外国によるスパイ活動を取締まるためのもので、住民を守るもの。国に異議をいうつもりはない」、更に驚いたことに、「基地拡張には賛成です。拡張予定地域の地権者の中にも売りたいという人は何人かいます。自治会として反対であっても個人的には売りたい人はいますから」と発言し、その場が凍りつきました。議会への要望書を受け、私は2021年9月議会で「法の廃止を求める意見書」を提案します。意見書可決に向け、誰にでも伝わりやすいよう、提案理由を以下のようにしました。

【提案理由】6月16日未明の国会で強行採決された法律が規制するのは「土地」ではなく「人」です。規制され監視されるのは、町民です。基地周囲1㎞は注視区域とされ、総理大臣が個人情報を調査・報告させることができます。更に航空自衛隊築城基地の周囲1㎞は特別注視区域とされ、総理大臣に所有権移転の報告が義務付けられます。また、基地を含む重要施設の機能を阻害する行為をすれば注意・勧告・土地利用停止となります。これらに違反すれば、最高で200万円以下の罰金か懲役2年以下の罰則です。しかし、どこが重要施設かも、何が機能阻害行為なのかも、この法律を読んでもわかりません。つまり、どこで何をしたら、罰せられるのか？誰にもわからない法律です。このように町民を監視する法律は、廃止にしなければなりません。以上、提案理由と致します。（令和3年度第3回築上町議会に提案）

法律施行への不安は、基地隣接自治会の会長が「地元が反対しても防衛省はごり押ししてくる。」と語ったとおりです（「毎日新聞」2020年9月21日付)。施行により事実上の土地収用が可能となり、基地拡張されるのではないか？と心配しています。「具体的説明をせずに『安保環境が厳しいから』と納得させようとしている。」との近隣住民の憤りの声と共に、法律廃止を強く訴えていきます。

(5) 北谷町での土地規制法の廃止運動について

沖縄県北谷町議会議員　**高安 克成**（立憲民主党）

私がこの問題を認識したのは5月頃で福島みずほ参議院議員のFBを注目していた中でのことです。みずほ議員のFBでは、国会活動報告として重要法案の改悪についていくつも指摘がされ、私はその中で入館施設で亡くなったウィシュマさんの問題と入管法改正案の廃案に注目していました。

福島みずほ参議院議員とは、私が議員になる直前から社民党員として大変世話になり、様々な事情の末に私は4月に立憲民主党に移りましたが、その後も彼女の国会での活動を注目していた最中のことでした。

●自分の問題として捉えて

社民党の Youtube 配信告知では、沖縄の山城博治さんや下地宮古島市議が沖縄の現状を踏まえた重要土地等調査規制法案の訴えをする参加が繰り返し目につきました。6月に入るとチョウ類研究者の宮城秋乃さんが米軍の廃棄物の抗議行動に対して家宅捜査された事が地元沖縄でも連日報道され、今回の重要土地等調査規制法案の先取りではないかとの懸念が増してきました。この家宅捜索の問題については、個人を見せしめとした基地問題等に反対運動をする沖縄県民への圧力ではないか、また、法が施行される事により、更にこの動きが強まるのではないかと懸念は大きくなりました。

振り返ると、ここでようやくこれは私事なんだと実感したのを覚えています。

私も高江や辺野古基地建設には連日、毎週のように足しげく通い、座り込み、排除された日々の中で対峙する警察組織はカメラを携え、基地建設反対を訴える我々の写真を撮り、プライベートの情報を探りリスト化しているとの話が聞こえていた事から、今回の問題が私事として重なりました。加えて、私の住む北谷町は、極東最大の空軍基地である嘉手納基地を含め南北が基地に接収され、中央にも基地があり、同法の適用対象エリアとして町内全域が注視区域となり得る距離にあることが地元新聞で報じられ、懸念は確信に変わっていきました。

その時点で冷静に考えると、報道でも報じられた事を含め、北谷町のみならず沖縄本島はもちろん、宮古島や石垣島を含む離島の自衛隊配備に揺れる中で、一切漏れる事なく沖縄全域がターゲットになることが国会の答弁を聞くにあたり、のっぴきならぬ問題である事を突きつけられました。

そんな時、以前より交流のあった千葉県松戸市の岡本ゆうこ市議が、福島みずほ参議院議員に呼応するようにFBで声を上げるのが目につきました。

ここ沖縄では、報道が問題点を指摘するも、地元議員で声を上げるのを目にしない中で他県の岡本市議の声は目を引きました。これがSNSの有難さ。

早速、6月5日に重要土地等調査規制法案の廃案に賛同し、結果、賛同する全国の自治体議員とともに行動する事に繋がりました。賛同後即座に学習の機会が設定され、有難い事に10日には、同法案について国会で参考人招致された馬奈木厳太郎弁護士のオンライン学習会に参加する事が出来ました。その中で、同氏の説明からも同法案に関する問題点が次々に指摘をされ、沖縄県、そして私が住む北谷町は、同法が成立すれば間違いなくプライバシーについてはもちろん、経済的な影響も出る恐れのある法案である事からも、イデオロギーに関係なく全町民が当事者であり問題視すべきではないかと思い、ぜひ北谷町からも発信するべきだと考えました。

●議会での意見書可決とその後

ちょうど地元議会は、6月定例議会中という事もあり、早速、私の仲間である会派「北谷ニライの風」の皆さんに事の重大さを簡単ではあるが説明をし、発議すべきだとの共通理解で確認をし、地元でも動き出しました。11日には、同案に対する認知はもちろん早めの議員の理解と意見集約を目的に、議会事務局を通して全議員に対して「重要土地等調査規制法案の廃案を求める意見書」について発議の案内をして頂きました。しかしながら、残念な事に多くの課題を抱えながらも16日未明の国会で法案は賛成多数で成立してしまいました。とはいえ、国民を置き去りにしたこの悪法を認めるわけにはいかず、尚更運動を強めるべきだという事で17日には、廃案から廃止へシフトを切り替えた文案を整え、全国の仲間の意見を伺い、18日の議会最終日、本会議の発議に挑みました。

当日は、保守系議員5人が既定路線で反対をしたのは仕方ないが、驚く事に革新系議員も同法の内容を理解していないのか、また別の理由があるのか1人反対に回ってしまいました。

先のチョウ類研究者の宮城秋乃さんが米軍の廃棄物の抗議行動に対して家宅捜査された事に端を発し、法案成立された事を受け、地元報道でも連日報道され、議会でも1週間前には案内をしているにも関わらずこの様。もしかすると全国でも理解不足を含め、廃止反対の流れはあるのではないかと懸念をしました。すると本町議会での可決を受け全国の議員団の皆さんに確認をとるとやはり否決はもちろん発議すらさせてもらえない状況がある事を知りました。沖縄でも自衛隊基地建設中の石垣市では、ミサイル部隊の配備計画に伴い、住宅地の僅か200m先に弾薬庫が秘密裏に置かれ、辺野古基地同様に様々に問題を抱え、反対運動がある中、何かしらの規制等を含め懸念があるにも関わらず、発議すらさせてもらえなかったという事を聞き驚いています。残念ではあるが、各議会での都合もあるだろうが、認知をされていないという課題を含めもっと運動の拡がりを持たなければと思いを強くしました。

幸いにも本町議会では、12対6の多数決で可決をし、翌日の報道では、県内初もしかすると全国初の事例として取り上げられました。この流れが全国へと繋がりいつか廃止となればと期待が膨らんでいます。

その後も沖縄では、辺野古基地建設問題を抱える名護市が6月30日に同様の内容で可決をし、中城村でも8月16日に可決をされる中、「土地規制法の廃止を求める沖縄県民有志の会」が立ち上がり全県へと運動の輪を拡げる活動をはじめた事が報道されました。

願わくば、全国へと同様の運動が拡がり、同法の施行事例が発生する前にこのような悪法の廃止に繋げることが出来れば良いのだが、それでも全国の心ある仲間と繋がり続け、必ずや廃止へ向け前進し続ける覚悟でいます。

運動気付きを与えていただいた福島みずほ参議院議員、運動をけん引している岡本ゆうこ松戸市議、国会での参考人招致等、同法の内容についてレクチャー、アドバイス等を頂いた馬奈木弁護士、そして全国の自治体議員団の皆さんの心強い志に感謝しています。

(6) 土地規制法と石垣島

沖縄県石垣市議会議員　花谷史郎（無所属）

国土のわずか0・6パーセントしかない沖縄県には在日米軍の約70パーセントが集中しており、土地規制法の影響を最も受ける自治体であることは間違いありません。また、国境に近い離島県であることから全県が特別注視区域に指定される可能性すらあります。

尖閣諸島での諸外国との問題を抱える石垣島を含む先島諸島では、防衛省が陸上自衛隊配備計画を次々と進めており、特別注視区域となる可能性の最も高い場所の一つではないかと危惧しています。

本稿では、沖縄のもう一つの基地問題である陸自配備問題と土地規制法の影響について考察したいと思います。

●陸自配備問題の現状

南西諸島（奄美から与那国まで続く琉球列島、琉球弧とも呼ばれる）への陸自配備は2010年頃から具体化してきたとされています。

2016年には与那国島駐屯地、2019年には宮古島駐屯地と奄美駐屯地が開設され、そして2022年には石垣島で開設予定とされています。また、防衛省は自衛隊員増員も進めており、南西諸島への軍事力の配備はかなり大規模な計画であることが伺えます。

近年、度々軍事協力の方針を確認している2プラス2等の日米間の動きから、辺野古や馬毛島への米軍施設建設と関連しているともいわれ、計画がどれほど大きなものか全容は不透明なままです。尖閣諸島での問題に軍事的圧力をかけることで緊張感は増長し、不要な軍事衝突につながるのではないかと軍事の専門家も指摘しています。

私は配備予定地近くにある嵩田という集落の出身で、東京で大学を出た後に家業の農業を継ぐため島に戻り、石垣島での陸自配備が表面化した当時は嵩田公民館の役員をしていました。

2015年、私は平得大俣地域に陸自が配備されることを新聞紙面上で知ることになります。石垣市民はおろか近隣地域住民にも防衛省や石垣市から事前の説明は一切なく、あまりに住民を無視した計画に、多くの市民から反対や疑問の声があがりました。

とくに予定地近くに住む方々は強い拒否感を示し、嵩田を含む4つの近隣公民館が陸自配備に反対を表明しました。

その後に行われた説明会などでも住民の疑問にまともな回答がなされず、石垣市や防衛省に対する疑念はますます深くなっていきました。周辺4公民館をはじめ多くの市民の方々が陸自配備に異を唱え、反対運動を始めてから約6年が経ちますが、現在も粘り強く活動されています。

その間、私自身、当初からこの問題に関わってきましたが、石垣市民全体での陸自配備についての認識の共有が十分とはいえず、問題点や危険性について広く伝えることが必要だと感じるようになっていきました。

2018年3月、石垣島への陸自配備阻止と、市民の声を聞かない市政刷新を志し、市議会議員補欠選挙に立候補し当選、半年後の市議会議員選挙の本選で再選させていただき、現在に至ります。

●最も危惧される問題の一つは「水」

予定地は石垣島のほぼ中央で、沖縄県最高峰の於茂登岳の麓に位置しています。島の中央部から北部にかけて点在する集落は、多くが戦前戦後の移民によって開拓されており、予定地近隣の4公民館もすべて開拓の歴史を持っています。その中には米軍基地に土地を接収され、沖縄本島から石垣島への移民を余儀なくされた方々もいらっしゃいます。入植当時は生活インフラが全くなく、相当な苦労をされたと聞いています。そんな中でも、於茂登岳から流れ出す豊富な水の恩恵を受け、いまでは豊かな農村地帯となり、サトウキビやパインアップル、マンゴー等を中心に生産が盛んで、後継者も育ってきているところでした。将来への希望を紡いでいたはずが、突如浮上した配備計画によって、地域は多くの問題を抱えることになります。

工事が始まって以来、毎日のように重機が岩を砕く音が鳴り響き、工事車両や自衛隊関係者による交通量の増加なども重なり、静かだった農村の環境は一変しました。開設後は隊員の通勤や軍事車両による訓練、ヘリコプター等の離発着などでさらなる騒音が危惧されます。

また、地域の方々が最も危惧する問題の一つが「水」です。予定地は於茂登岳の麓に位置しており、農業の発展を支えた水源があることは先ほど述べたとおりです。事実、予定地周辺には飲料用水や農業用水を貯めるための複数のダムがあります。予定地面積は約46ヘクタールで、これまで畑や森林であった場所も大規模造成しコンクリートなどで覆われることになります。地下に蓄えられる水量に影響しないのか、小さな川や湿地も多くあり、その下流域には取水施設もあります。懸念は尽きません。

沖縄本島では米軍施設から有害物質が河川などに流出する問題が頻発しており、石垣島では基地建設による水への影響が十分に調査されていないと専門家が指摘しています。水の大切さを知る農業者が不安に思うのは当然です。配備を前向きにとらえている方々からも、「飲料水の源でもある、あの場所はやめてほしい」という意見が多く聞かれます。

水に関する問題は多く訴えられてきましたが、隊員の出す生活排水を含む基地からの排水を近くの小川に放流することが、私の議員活動のなかで判明しました。この小川は河川認定されていないため行政が管理しておらず、私有地の中を流れており、県の管理する宮良川に合流するまでに十数筆の私有地を流れることになりますが、石垣市は土地の所有者の承諾を得ないまま排水の放流を防衛省に許可するつもりだったことが分かりました。

今のところ排水予定の道路横断溝を管理する沖縄県が、地権者の同意書類の提出を求めることで、地権者に無断での排水放流は避けられそうです。

みなさん、想像してみてください、自分の土地に突如基地からの排水が流れ込んでくることの異常性を。小川の上流はほとんどが野山や畑などで、そこに浄化槽を通しているとはいえ、600人規模の基地からの生活排水や、車両を洗浄した水が無断で流され、それを国や自治体が主導していると思うと背筋が凍ります。

●土地規制法と陸自配備問題の新たな展望

予定地の私有地はほとんど買収されましたが、自分たちの畑や地域を守りたいとの思いから、今も予定地近くで農業を続ける方がいます。また、開設後も近隣集落の生活は続きます。地域が壊されていくことを感じながら、不安の中での生活を強いられています。これだけの人権侵害とも呼べるような実態の中で、さらに追いうちをかけるのが土地規制法です。

石垣島でも開設後に重要施設とされ、周辺1キロが注視区域になることは間違いないでしょう。そうなると周辺住民や畑を所有する方々は監視されているという圧迫感にさらされます。島全体が区域指定されることもあるかもしれません。

特別注視区域では土地を売買するときには、契約内容や使用目的を内閣総理大臣に届けなければなりません。煩雑な手続きや監視対象であることが土地の価格に影響し、島の経済にも打撃を与えかねません。

配備が進む南西諸島の島々では同様なことが起こる可能性があります。島民すべてが当事者となりえます。土地規制法という不完全で、人権を不当に奪いかねない法律の危険性を国民皆で共有し、陸自配備の負うリスクについても知っていただきたいと思います。

石垣島では、配備計画からはネガティブな影響がほとんどですが、一筋の光もあります。最後に、希望のある話を一つ紹介します。

防衛省によって強引に進められてきた配備計画ですが、石垣市長も「国防は国の専権事項」として容認の立場をとってきました。市民から要望のある、陸自配備受け入れについての賛否を問う住民投票についても実施する動きは見られませんでした。

その中で、2019年に20代の若者を中心とした「住民投票を求める会」が立ちあがり住民投票を求める署名活動をスタートさせ、わずか一か月で有権者全体の約37パーセント（1万4263筆）もの法定署名を集めました。

石垣市自治基本条例に定められた有権者の4分の1以上の法定署名をクリアしており、条文にある通り「市長は所定の手続きを経て住民投票を実施しなければならない」はずでしたが、議会で否決されたことなどから未だに実施されず、実施を求めた裁判も最高裁まで争いましたが棄却されました。

しかし、多くの若者が動いた署名運動によって、市民の意識は確実に変わりました。配備問題を全島民的に考える機会を作り、住民の意見が尊重されない現実に違和感を覚え、民主主義や国民主権について向き合うきっかけを作ることができました。

政治に無関心ともいわれる若者が、真正面から政治に向き合ったことで一歩良い方向に向かったと実感しています。石垣島での陸自配備問題がいつ、どのような形で決着するかは分かりませんが、島民が一丸となり一歩一歩確実に歩を進めることが大切です。進むべき方向を、一筋の光で照らしてくれた会の関係者の方々には感謝しています。

土地規制法についても、国民がこの問題を知り、自分事としてとらえ、声をあげていくことでこの法を廃止にすることも可能です。日本の端の小さな島の大きな住民投票運動が、土地規制法の問題にも一筋の光となるよう願い本文を寄稿いたします。

〈参考資料〉

重要施設周辺及び国境離島等における土地等の利用状況の調査及び利用の規制等に関する法律

第1章　総則

（目的）

第1条　この法律は、重要施設の周辺の区域内及び国境離島等の区域内にある土地等が重要施設又は国境離島等の機能を阻害する行為の用に供されることを防止するため、基本方針の策定、注視区域及び特別注視区域の指定、注視区域内にある土地等の利用状況の調査、当該土地等の利用の規制、特別注視区域内にある土地等に係る契約の届出等の措置について定め、もって国民生活の基盤の維持並びに我が国の領海等の保全及び安全保障に寄与することを目的とする。

（定義等）

第2条　この法律において「土地等」とは、土地及び建物をいう。

2　この法律において「重要施設」とは、次に掲げる施設をいう。

1　自衛隊の施設並びに日本国とアメリカ合衆国との間の相互協力及び安全保障条約第6条に基づく施設及び区域並びに日本国における合衆国軍隊の地位に関する協定第2条第1項の施設及び区域（第4項第一号において「防衛関係施設」という。）

2　海上保安庁の施設

3　国民生活に関連を有する施設であって、その機能を阻害する行為が行われた場合に国民の生命、身体又は財産に重大な被害が生ずるおそれがあると認められるもので政令で定めるもの（第4項第3号及び第14条第2項第1号において「生活関連施設」という。）

3　この法律において「国境離島等」とは、次に掲げる離島をいう。

1　領海及び接続水域に関する法律（昭和52年法律第30号）第1条第1項の海域の限界を画する基礎となる基線（同法第2条第1項に規定する基線をいい、同項の直線基線の基点を含む。）を有する離島

2　前号に掲げるもののほか、有人国境離島地域の保全及び特定有人国境離島地域に係る地域社会の維持に関する特別措置法（平成28年法律第33号）第2条第1項に規定する有人国境離島地域を構成する離島（第5項第2号において「有人国境離島地域離島」という。）

4　この法律において「施設機能」とは、次に掲げる機能をいう。

1　防衛関係施設の我が国を防衛するための基盤としての機能

2　海上保安庁の施設の領海、排他的経済水域及び大陸棚に関する法律（平成8年法律第74号）第1条第1項の排他的経済水域又は同法第2条の大陸棚（次項第2号において「領海等」という。）の保全に関する活動の基盤としての機能

3　生活関連施設の国民生活の基盤としての機能

5　この法律において「離島機能」とは、次に掲げる機能をいう。

1　第3項第1号に掲げる離島の領海及び接続水域に関する法律第1条第1項の海域又は排他的経済水域及び大陸棚に関する法律第1条第1項の海域若しくは同法第2条第1号の海域の限界を画する基礎としての機能

2　有人国境離島地域離島の領海等の保全に関する活動の拠点としての機能

6　内閣総理大臣は、第2項第3号の政令の制定又は改廃の立案をするときは、あらかじめ、土地等利用状況審議会の意見を聴かなければならない。

（この法律の規定による措置の実施に当たっての留意事項）

第3条　内閣総理大臣は、この法律の規定による措置を実施するに当たっては、個人情報の保護に十分配慮しつつ、注視区域内にある土地等が重要施設の施設機能又は国境離島等の離島機能を阻害する行為の用に供されることを防止するために必要な最小限度のものとなるようにしなければならない。

第2章　基本方針

第4条　政府は、重要施設の施設機能及び国境離島等の離島機能を阻害する土地等の利用の防止に関する基本的な方針（以下この条において「基本方針」という。）を定めなければならない。

2　基本方針は、次に掲げる事項について定めるものとする。

1　重要施設の施設機能及び国境離島等の離島機能を阻害する土地等の利用の防止に関する基本的な方向

2　注視区域及び特別注視区域の指定に関する基本的な事項（当該指定に関し経済的社会的観点から留意すべき事項を含む。）

3　注視区域内にある土地等の利用の状況等についての調査に関する基本的な事項

4　注視区域内にある土地等の利用者（所有者又は所有権以外の権原に基づき使用若しくは収益をする者をいう。以下同じ。）に対する勧告及び命令に関する基本的な事項（当該勧告及び命令に係る重要施設の施設機能又は国境離島等の離島機能を阻害する行為の具体的内容に関する事項を含む。）

5　前各号に掲げるもののほか、重要施設の施設機能及び国境離島等の離島機能を阻害する土地等の利用の防止に関し必要な事項

3　内閣総理大臣は、基本方針の案を作成し、閣議の決定を求めなければならない。

4　内閣総理大臣は、前項の規定による閣議の決定があったときは、遅滞なく、基本方針を公表しなければならない。

5　前2項の規定は、基本方針の変更について準用する。

第3章　注視区域

（注視区域の指定）
第5条　内閣総理大臣は、重要施設の敷地の周囲おおむね千メートルの区域内及び国境離島等の区域内の区域で、その区域内にある土地等が当該重要施設の施設機能又は当該国境離島等の離島機能を阻害する行為の用に供されることを特に防止する必要があるものを、注視区域として指定することができる。
2　内閣総理大臣は、注視区域を指定する場合には、あらかじめ、関係行政機関の長に協議するとともに、土地等利用状況審議会の意見を聴かなければならない。
3　内閣総理大臣は、注視区域を指定する場合には、その旨及びその区域を官報で公示しなければならない。
4　注視区域の指定は、前項の規定による公示によってその効力を生ずる。
5　内閣総理大臣は、第3項の規定による公示をしたときは、速やかに、その指定された区域その他内閣府令で定める事項を関係地方公共団体の長に通知しなければならない。
6　第2項から前項までの規定は、注視区域の指定の解除及びその区域の変更について準用する。この場合において、注視区域の指定の解除について準用するときは、第3項中「その旨及びその区域」とあり、及び前項中「その指定された区域その他内閣府令で定める事項」とあるのは、「その旨」と読み替えるものとする。
（土地等利用状況調査）
第6条　内閣総理大臣は、注視区域内にある土地等の利用の状況についての調査（次条第1項及び第8条において「土地等利用状況調査」という。）を行うものとする。
（利用者等関係情報の提供）
第7条　内閣総理大臣は、土地等利用状況調査のために必要がある場合においては、関係行政機関の長及び関係地方公共団体の長その他の執行機関に対して、当該土地等利用状況調査に係る注視区域内にある土地等の利用者その他の関係者に関する情報のうちその者の氏名又は名称、住所その他政令で定めるものの提供を求めることができる。

2　関係行政機関の長及び関係地方公共団体の長その他の執行機関は、前項の規定による求めがあったときは、同項に規定する情報を提供するものとする。

（報告の徴収等）

第8条　内閣総理大臣は、前条第1項の規定により、同項に規定する情報の提供を求めた結果、土地等利用状況調査のためなお必要があると認めるときは、注視区域内にある土地等の利用者その他の関係者に対し、当該土地等の利用に関し報告又は資料の提出を求めることができる。

（注視区域内にある土地等の利用者に対する勧告及び命令）

第9条　内閣総理大臣は、注視区域内にある土地等の利用者が当該土地等を重要施設の施設機能又は国境離島等の離島機能を阻害する行為の用に供し、又は供する明らかなおそれがあると認めるときは、土地等利用状況審議会の意見を聴いて、当該土地等の利用者に対し、当該土地等を当該行為の用に供しないことその他必要な措置をとるべき旨を勧告することができる。

2　内閣総理大臣は、前項の規定による勧告を受けた者が、正当な理由がなく、当該勧告に係る措置をとらなかったときは、当該者に対し、当該措置をとるべきことを命ずることができる。

（損失の補償）

第10条　内閣総理大臣は、前条第1項の規定による勧告又は同条第2項の規定による命令（以下この項及び次条第1項において「勧告等」という。）を受けた者が当該勧告等に係る措置をとったことによりその者が損失を受け、又は他人に損失を与えた場合においては、その損失を受けた者に対して、通常生ずべき損失を補償する。ただし、当該勧告等に係る行為をするについて、他の法律（法律に基づく命令及び条例を含む。）で行政庁の許可その他の処分を受けるべきことを定めているもの（当該許可その他の処分を受けることができないために損失を受けた者に対して、その損失を補償すべきことを定めているものを除く。）がある場合において、当該許可その他の処分の申請が却下されたとき、又は却下されるべき場合に該当するときにおける当該勧告等に係る措置については、この限りでない。
2　前項の規定による損失の補償については、内閣総理大臣と損失を受けた者が協議しなければならない。
3　前項の規定による協議が成立しない場合においては、内閣総理大臣又は損失を受けた者は、政令で定めるところにより、収用委員会に土地収用法(昭和26年法律第219号)第94条第2項の規定による裁決を申請することができる。

(土地等に関する権利の買入れ)

第11条　内閣総理大臣は、注視区域内にある土地等について、その所有者から勧告等に係る措置によって当該土地等の利用に著しい支障を来すこととなることにより当該土地等に関する権利(土地の所有権又は建物の所有権(当該建物の所有を目的とする地上権又は土地の賃借権を含む。)をいう。以下この条において同じ。)を買い入れるべき旨の申出があった場合においては、第3項の規定による買入れが行われる場合を除き、特別の事情がない限り、これを買い入れるものとする。
2　内閣総理大臣は、前項の申出があった場合において、当該権利の買入れを希望する国の行政機関があるときは、当該国の行政機関の長を当該権利の買入れの相手方として定めることができる。
3　前項の場合においては、当該権利の買入れの相手方として定められた国の行政機関の長が、当該権利を買い入れるものとする。
4　第1項又は前項の規定による買入れをする場合における権利の価額は、時価によるものとする。

第4章　特別注視区域

(特別注視区域の指定)

第12条　内閣総理大臣は、注視区域に係る重要施設が特定重要施設(重要施設のうち、その施設機能が特に重要なもの又はその施設機能を阻害することが容易であるものであって、他の重要施設によるその施設機能の代替が困難であるものをいう。次条第1項において同じ。)である場合又は注視区域に係る国境離島等が特定国境離島等(国境離島等のうち、その離島機能が特に重要なものであって、他の国境離島等によるその離島機能の代替が困難であるものをいう。同項において同じ。）である場合には、当該注視区域を、特別注視区域として指定することができる。

2　内閣総理大臣は、特別注視区域を指定する場合には、あらかじめ、関係行政機関の長に協議するとともに、土地等利用状況審議会の意見を聴かなければならない。

3　内閣総理大臣は、特別注視区域を指定する場合には、その旨及びその指定に係る注視区域を官報で公示しなければならない。

4　特別注視区域の指定は、前項の規定による公示によってその効力を生ずる。

5　内閣総理大臣は、第3項の規定による公示をしたときは、速やかに、その指定に係る注視区域その他内閣府令で定める事項を関係地方公共団体の長に通知しなければならない。

6　特別注視区域の指定は、その指定に係る注視区域の区域が変更されたときは、当該変更後の注視区域の区域に変更されたものとみなす。この場合においては、内閣総理大臣は、その旨を官報で公示しなければならない。

7　第2項から第5項までの規定は、特別注視区域の指定の解除について準用する。この場合において、第3項中「その旨及びその指定に係る注視区域」とあり、及び第5項中「その指定に係る注視区域その他内閣府令で定める事項」とあるのは、「その旨」と読み替えるものとする。

8　特別注視区域として指定された注視区域についてその指定が解除されたときは、当該特別注視区域は、その指定が解除されたものとみなす。この場合においては、第6項後段の規定を準用する。

（特別注視区域内における土地等に関する所有権等の移転等の届出）

第13条　特別注視区域内にある土地等（その面積（建物にあっては、床面積。第2号において同じ。）が二百平方メートルを下回らない範囲内で政令で定める規模未満の土地等を除く。以下この項及び第3項において同じ。）に関する所有権又はその取得を目的とする権利（以下この項において「所有権等」という。）の移転又は設定をする契約（予約を含み、当該契約に係る土地等に関する所有権等の移転又は設定を受ける者が国、地方公共団体その他政令で定める者である契約その他当該契約による土地等に関する所有権等の移転又は設定後における当該土地等が特定重要施設の施設機能又は特定国境離島等の離島機能を阻害する行為の用に供されるおそれが少ないものとして政令で定める契約を除く。以下この条及び第26条第1号において「土地等売買等契約」という。）を締結する場合には、当事者は、次に掲げる事項を、内閣府令で定めるところにより、あらかじめ、内閣総理大臣に届け出なければならない。

1　当事者の氏名又は名称及び住所並びに法人にあっては、その代表者の氏名
2　当該土地等売買等契約の対象となる土地等の所在及び面積
3　当該土地等売買等契約の目的となる土地等に関する所有権等の種別及び内容
4　当該土地等売買等契約による土地等に関する所有権等の移転又は設定後における当該土地等の利用目的
5　前各号に掲げるもののほか、内閣府令で定める事項

2　前項の規定は、民事調停法（昭和26年法律第２２２号）による調停その他の政令で定める事由により土地等売買等契約を締結する場合には、適用しない。

3　特別注視区域内にある土地等について、前項に規定する事由により土地等売買等契約を締結したときは、当事者は、当該土地等売買等契約を締結した日から起算して二週間以内に、第一項各号に掲げる事項を、内閣府令で定めるところにより、内閣総理大臣に届け出なければならない。

4　内閣総理大臣は、第1項又は前項の規定による届出があったときは、当該届出に係る第1項各号に掲げる事項についての調査を行うものとする。

5　第7条及び第8条の規定は、前項の規定による調査について準用する。

第五章　土地等利用状況審議会

（土地等利用状況審議会の設置）
第14条　内閣府に、土地等利用状況審議会（以下「審議会」という。）を置く。
2　審議会は、次に掲げる事務をつかさどる。
1　生活関連施設に関し、第2条第6項に規定する事項を処理すること。
2　注視区域の指定に関し、第5条第2項（同条第6項において準用する場合を含む。）に規定する事項を処理すること。
3　注視区域内にある土地等の利用者に対する勧告に関し、第9条第1項に規定する事項を処理すること。
4　特別注視区域の指定に関し、第12条第2項（同条第7項において準用する場合を含む。）に規定する事項を処理すること。
5　前各号に掲げるもののほか、重要施設の施設機能及び国境離島等の離島機能を阻害する土地等の利用の防止に関する重要事項を調査審議し、必要があると認めるときは、内閣総理大臣に対し、意見を述べること。

（組織）
第15条　審議会は、委員十人以内で組織する。
2　審議会に、専門の事項を調査させるため必要があるときは、専門委員を置くことができる。

（委員等の任命）
第16条　委員は、法律、国際情勢、内外の社会経済情勢、土地等の利用及び管理の動向等に関して優れた識見を有する者のうちから、内閣総理大臣が任命する。
2　専門委員は、前条第2項の専門の事項に関して優れた識見を有する者のうちから、内閣総理大臣が任命する。

（委員の任期等）
第17条　委員の任期は、二年とする。ただし、補欠の委員の任期は、前任者の残任期間とする。

2　委員は、再任されることができる。
3　専門委員は、その者の任命に係る第15条第2項の専門の事項に関する調査が終了したときは、解任されるものとする。
4　委員及び専門委員は、非常勤とする。

（会長）
第18条　審議会に会長を置き、委員の互選により選任する。
2　会長は、会務を総理し、審議会を代表する。
3　会長に事故があるときは、あらかじめその指名する委員が、その職務を代理する。

（資料の提出等の要求）
第19条　審議会は、その所掌事務を遂行するため必要があると認めるときは、関係行政機関の長に対し、資料の提出、意見の表明、説明その他必要な協力を求めることができる。

（政令への委任）
第20条　この法律に定めるもののほか、審議会に関し必要な事項は、政令で定める。

第6章　雑則

（他の法律の規定に基づく措置の実施に関する要求等）
第21条　内閣総理大臣は、注視区域内において重要施設の施設機能又は国境離島等の離島機能を阻害する土地等の利用を防止するため必要があると認めるときは、関係行政機関の長に対し、当該施設機能又は離島機能の阻害の防止に資する情報の提供をすることができる。
2　内閣総理大臣は、注視区域内において重要施設の施設機能又は国境離島等の離島機能を阻害する土地等の利用の防止を図るために実施し得る他の法律の規定に基づく措置があり、その防止を図るため、当該措置が速やかに実施されることが必要であると認めるときは、当該措置の実施に関する事務を所掌する大臣に対し、当該措置の速やかな実施を求めることができる。

3　内閣総理大臣は、前項の規定により同項の措置の速やかな実施を求めたときは、同項の大臣に対し、当該措置の実施状況について報告を求めることができる。

（関係行政機関等の協力）

第22条　内閣総理大臣は、この法律の目的を達成するため必要があると認めるときは、関係行政機関の長及び関係地方公共団体の長その他の執行機関に対し、資料の提供、意見の開陳その他の協力を求めることができる。

（国による土地等の買取り等）

第23条　国は、注視区域内にある土地等であって、重要施設の施設機能又は国境離島等の離島機能を阻害する行為の用に供されることを防止するため国が適切な管理を行う必要があると認められるものについては、当該土地等の所有権又は地上権その他の使用及び収益を目的とする権利の買取りその他の必要な措置を講ずるよう努めるものとする。

（内閣府令への委任）

第24条　この法律に定めるもののほか、この法律の実施のため必要な事項は、内閣府令で定める。

第7章　罰則

第25条　第9条第2項の規定による命令に違反したときは、当該違反行為をした者は、二年以下の懲役若しくは二百万円以下の罰金に処し、又はこれを併科する。

第26条　次の各号のいずれかに該当する場合には、当該違反行為をした者は、六月以下の懲役又は百万円以下の罰金に処する。

1　第13条第1項の規定に違反して、届出をしないで土地等売買等契約を締結したとき。

2　第13条第3項の規定に違反して、届出をしなかったとき。

3　第13条第1項又は第3項の規定による届出について、虚偽の届出をしたとき。

第27条　第8条（第13条第5項において準用する場合を含む。以下この条において同じ。）の規定による報告若しくは資料の提出をせず、又は第8条の規定による報告若しくは資料の提出について虚偽の報告をし、若しくは虚偽の資料を提出したときは、当該違反行為をした者は、三十万円以下の罰金に処する。

第28条　法人の代表者又は法人若しくは人の代理人、使用人その他の従業者が、その法人又は人の業務に関し、前3条の違反行為をしたときは、行為者を罰するほか、その法人又は人に対して各本条の罰金刑を科する。

附　則

（施行期日）

第1条　この法律は、公布の日から起算して一年三月を超えない範囲内において政令で定める日から施行する。ただし、第2条第6項、第2章、第5章及び第24条並びに附則第3条及び第4条の規定は、公布の日から起算して一年を超えない範囲内において政令で定める日から施行する。

（検討）

第2条　政府は、この法律の施行後五年を経過した場合において、この法律の施行の状況について検討を加え、必要があると認めるときは、その結果に基づいて必要な措置を講ずるものとする。

（内閣法の一部改正）

第3条　内閣法（昭和22年法律第5号）の一部を次のように改正する。

第16条第2項第1号中「安全保障（」の下に「次号及び」を加え、「もの並びに」を「もの、」に改め、「属するもの」の下に「並びに次号に掲げるもの」を加え、同項第3号中「前2号」を「前3号」に改め、同号を同項第4号とし、同項中第2号を第3号とし、第1号の次に次の1号を加える。

2　第12条第2項第2号から第5号までに掲げる事務であつて、国家安全保障に関する重要事項のうち、重要施設周辺及び国境離島等における土地等の利用状況の調査及び利用の規制等に関する法律（令和3年法律第▼▼▼号）に基づく重要施設の施設機能及び国境離島等の離島機能を阻害する土地等の利用の防止に関する政策の基本方針に関するもの

（内閣府設置法の一部改正）

第4条　内閣府設置法（平成11年法律第89号）の一部を次のように改正する。

第4条第1項に次の1号を加える。

31　重要施設周辺及び国境離島等における土地等の利用状況の調査及び利用の規制等に関する法律（令和3年法律第▼▼▼号）に基づく重要施設の施設機能及び国境離島等の離島機能を阻害する土地等の利用の防止のための基本的な政策に関する事項

第4条第3項第27号の6の次に次の一号を加える。

27の7　重要施設周辺及び国境離島等における土地等の利用状況の調査及び利用の規制等に関する法律に基づく土地等の利用状況の調査及び利用の規制等に関すること。

第37条第3項の表子ども・子育て会議の項の次に次のように加える。

土地等利用状況審議会	重要施設周辺及び国境離島等における土地等の利用状況の調査及び利用の規制等に関する法律

重要施設周辺及び国境離島等における土地等の利用状況の調査及び利用の規制等に関する法律案に対する附帯決議

（衆議院）

政府は、本法の施行に当たっては、次の事項に留意し、その運用等について遺漏なきを期すべきである。

1 注視区域及び特別注視区域の指定に当たっては、あらかじめ当該区域に属する地方公共団体の意見を聴取する旨を基本方針において定めること。

2 基本方針の決定並びに注視区域及び特別注視区域の指定に当たっては、当該決定及びそれらの指定の後、速やかに国会に報告すること。

3 本法における「機能を阻害する行為」については、基本方針においてその類型を例示しつつ、明確かつ具体的に定めること。その際、本法の目的と無関係な行為を対象としないこと。

4 本法第2条に基づき「生活関連施設」を政令で定めるに当たっては、本法の目的を逸脱しないようにするとともに、その対象を限定的に列挙すること。

5 本法の規定による措置を実施するに当たっては、思想、信教、集会、結社、表現及び学問の自由並びに勤労者の団結し、及び団体行動をする権利その他日本国憲法の保障する国民の自由と権利を不当に制限することのないよう留意すること。

6 本法第4条第2項第2号の「経済的社会的観点から留意すべき事項」を具体的に明示すること。その際、本条における市街地の位置付けを明確にすること。

7 本法第4条第2項第3号の「注視区域内にある土地等の利用の状況等についての調査に関する基本的な事項」を定めるに当たっては、調査対象となる者、調査方法、調査項目等を具体的に明示すること。

8 本法第6条に基づく土地等利用状況調査を行うに当たっては、本法の目的外の情報収集は行わないこと。また、収集した個人情報について、目的外利用となる他の行政機関への提供は慎むとともに、行政機関の保有する個人情報の保護に関する法律に則った情報管理を徹底し、情報漏洩防止等のセキュリティ対策に万全を期すこと。

9　本法第8条に基づく報告又は資料の提出の求めについては、基本方針において運用の考え方を具体的に明示すること。また、同条の対象となる「利用者その他の関係者」についても、基本方針において具体的に例示すること。

10　本法第9条に基づく勧告及び命令については、基本方針において、その対象となり得る行為を例示するとともに、運用基準を具体的に明示すること。また、勧告及び命令の実施状況を毎年度、国会を含め、国民に公表すること。

11　土地等利用状況審議会の委員及び専門委員の任命に当たっては、重要施設及び国境離島等が全国各地に所在していることに鑑み、多様な主体の参画を図ること。

12　本法第21条第1項に基づく情報の提供については、その要件を基本方針において具体的に明示すること。その際、本法の目的の範囲を逸脱しないよう留意すること。

13　本法第26条に基づく罰則の適用については、限定的なものとすること。また、本法第27条に基づく罰則の適用に当たっては、思想信条の自由、表現の自由、プライバシーの権利等を侵害することのないよう、十分配慮すること。

14　本法第9条の勧告及び命令に従わない場合には、重要施設等の機能を阻害する行為を中止させることが困難であることに鑑み、本法の実効性を担保する観点から、収用を含め、更なる措置の在り方について、附則第2条の規定に基づき検討すること。

15　我が国の安全保障の観点から、水源地や農地等資源や国土の保全にとって重要な区域に関する調査及び規制の在り方について、本法や関係法令の執行状況、安全保障を巡る内外の情勢などを見極めた上で、附則第2条の規定に基づき検討すること。

16　注視区域及び特別注視区域の対象に、重要施設の敷地内の民有地を加えることについて、附則第2条の規定に基づき検討すること。

重要施設周辺及び国境離島等における土地等の利用状況の調査及び利用の規制等に関する法律案に対する附帯決議
（参議院）

政府は、本法の施行に当たっては、次の事項に留意し、その運用等について遺漏なきを期すべきである。

1　注視区域及び特別注視区域の指定に当たっては、あらかじめ当該区域に属する地方公共団体の意見を聴取する旨を基本方針において定めること。

2　基本方針の決定並びに注視区域及び特別注視区域の指定に当たっては、当該決定及びそれらの指定の後、速やかに国会に報告すること。

3　本法における「機能を阻害する行為」については、基本方針においてその類型を例示しつつ、明確かつ具体的に定めること。その際、本法の目的と無関係な行為を対象としないこと。

4　本法第2条に基づき「生活関連施設」を政令で定めるに当たっては、本法の目的を逸脱しないようにするとともに、その対象を限定的に列挙すること。

5　本法の規定による措置を実施するに当たっては、思想、信教、集会、結社、表現及び学問の自由並びに勤労者の団結し、及び団体行動をする権利その他日本国憲法の保障する国民の自由と権利を不当に制限することのないよう留意すること。

6　本法第4条第2項第2号の「経済的社会的観点から留意すべき事項」を具体的に明示すること。その際、本条における市街地の位置付けを明確にすること。

7　本法第4条第2項第3号の「注視区域内にある土地等の利用の状況等についての調査に関する基本的な事項」を定めるに当たっては、調査対象となる者、調査方法、調査項目等を具体的に明示すること。

8　本法第6条に基づく土地等利用状況調査を行うに当たっては、本法の目的外の情報収集は行わないこと。また、収集した個人情報について、目的外利用となる他の行政機関への提供は慎むとともに、行政機関の保有する個人情報の保護に関する法律に則った情報管理を徹底し、情報漏洩防止等のセキュリティ対策に万全を期すこと。

9　本法第8条に基づく報告又は資料の提出の求めについては、基本方針において運用の考え方を具体的に明示すること。また、同条の対象となる「利用者その他の関係者」についても、基本方針において具体的に例示すること。

10　本法第9条に基づく勧告及び命令については、基本方針において、その対象となり得る行為を例示するとともに、運用基準を具体的に明示すること。また、勧告及び命令の実施状況を毎年度、国会を含め、国民に公表すること。

11　土地等利用状況審議会の委員及び専門委員の任命に当たっては、重要施設及び国境離島等が全国各地に所在していることに鑑み、多様な主体の参画を図ること。

12　本法第21条第1項に基づく情報の提供については、その要件を基本方針において具体的に明示すること。その際、本法の目的の範囲を逸脱しないよう留意すること。

13　本法第26条に基づく罰則の適用については、限定的なものとすること。また、本法第27条に基づく罰則の適用に当たっては、思想信条の自由、表現の自由、プライバシーの権利等を侵害することのないよう、十分配慮すること。

14　本法第9条の勧告及び命令に従わない場合には、重要施設等の機能を阻害する行為を中止させることが困難であることに鑑み、本法の実効性を担保する観点から、収用を含め、更なる措置の在り方について、附則第2条の規定に基づき検討すること。

15　我が国の安全保障の観点から、水源地や農地等資源や国土の保全にとって重要な区域に関する調査及び規制の在り方について、本法や関係法令の執行状況、安全保障を巡る内外の情勢などを見極めた上で、附則第2条の規定に基づき検討すること。

16　注視区域及び特別注視区域の対象に、重要施設の敷地内の民有地を加えることについて、附則第2条の規定に基づき検討すること。

地方議会が採択した意見書

重要土地等調査規制法の廃止を求める意見書

沖縄県北谷町議会（令和3年6月18日）

6月16日未明の参院本会議で、米軍基地や自衛隊基地、原子力発電所の周辺、国境離島などの土地の利用を規制する重要土地等調査規制法案が調査内容、対象区域、罰則を伴う行為が何かさえ分からない等と課題は横たわったまま強行採決され、賛成多数で可決・成立した。政府は、法律の成立を受け、今後、規制の対象となる注視区域や、土地取引が必要となる特別注視区域の選定を進める。

当初、外国資本による土地購入されることによる安全保障上の懸念を理由に始まった議論だとするが、出来上がった法案は、外国人が土地を所有する事自体は規制せず、注視区域とされる基地周辺等で暮らす住民のみならず、その土地等の利用者をも調査・監視出来るような内容にすり替わった。また、基地周辺の土地等で勧告・命令の対象となる機能阻害行為の定義もあいまいで、政府の中止命令等に従わない場合は刑事罰を科すことも出来る一方で、事後的に検証できる制度もなく止める術をもたない。罪刑法定主義に反する疑いもあり、沖縄においては、辺野古新基地建設や離島での自衛隊基地建設等に反対する運動そのものが阻害行為とされかねず、及び、北谷町のみならず、沖縄全土が注視対象区域とも言われ、県内に住んでいるだけで個人情報が入手・保存され、ヘイトの助長や分断も懸念され、悪法とのそしりは免れない。

地方自治の本旨からも逆行し、知事や町長等の地方自治体の長は国の下請け機関ともいえる位置に置かれ、国は行政命令として住民の個人情報の提供を求める事も可能となり、悪法の片棒を担がされる事となり得る。また、重要施設周辺の住人調査は自衛隊が担う事となり、地域住民との分断を招きかねない。

これまで沖縄では、基地に関する事件や事故は後を絶たず、日米両政府に対して様々な抗議・要請を行ってきたが、根本的な解決に至っていない。100歩譲って地元住民にとっての日常を取り戻すべく米軍への当たり前のルールの徹底を求めても至っていない。返ってこの法案のように基地周辺住民、沖縄県民全ての私権・財産権すら脅かされ、負担感は増すばかりで本来守られるべき国民は置き去りにされている状態で本末転倒である。

立法事実が明らかでないばかりか、法案の核となる概念や定義があいまいで、法案策定に携わった方ですら熟議を促すほどで、この法案が積み残した課題は多く残り、町民のみならず、国民誰もが影響を受ける可能性が大きい事からも直ちに廃止する事を強く求めます。

以上、地方自治法第99条の規定により意見書を提出する。

重要施設周辺及び国境離島等における土地等の利用状況の調査及び利用の規制等に関する法律の即時廃止を求める意見書

沖縄県名護市議会（令和3年6月30日）

「重要施設周辺及び国境離島等における土地等の利用状況の調査及び利用の規制等に関する法律」（重要土地等調査規制法。以下「本法」という。）は6月16日未明に参議院本会議で強行採決され成立した。審議の過程でも多くの問題が明らかになるなど大きな課題を残した法律である。

沖縄県は米軍・自衛隊等の重要施設が集中していることに加え、その全ての島嶼が本法規定の国境離島等に含まれ、県内全域が注視区域及び特別注視区域に含まれる可能性が高い。また生活関連施設の指定は政令に委ねられ要件自体が曖昧であり、恣意的な解釈による広範な指定がなされるおそれがある。

地方公共団体の長等や注視区域内の土地等の利用者等（以下「利用者等」という）の協力のもと調査を行うとしているが、その範囲も制限などがないに等しく、政府は行政的記録だけでなく思想等の内心に関わる広範な個人情報を取得することが可能となる。実際に、2003年から2004年にかけて自衛隊の情報保全隊は自衛隊イラク派遣へ反対する市民運動等への違法な監視活動を行っていた。現在、自衛隊と米軍の軍事協力の強化が進む中、平時からの情報共有が図られることで、国民の思想や信条に関わる部分も共有情報に含まれる危険性もはらんでいる。また、調査協力を拒否した場合は、罰金を科すことができる。刑罰の威嚇の下に、調査協力義務を課すことも含め、本法は憲法の精神に逆行し、思想・良心の自由、表現の自由、プライバシー権、財産権などの人権を侵害し、個人の尊厳を脅かす危険性を有するものであると言わざるを得ない。

本法は「機能を阻害する行為」や「供する明らかなおそれ」というような曖昧な要件の下での土地利用制限に加え、特別注視区域内の一部土地売買契約等には内閣総理大臣への届出を義務付け、違反には刑罰を科すとしているが、過度の規制は注視区域及び特別注視区域内の土地等の利用者の財産権を侵害する危険性がある。

我が国では戦前・戦中においての「要塞地帯法」により国民が弾圧されていた歴史がある。戦後、平和憲法の下で基本的人権が保障され、戦前・戦中の反省から軍事のための土地収用は除外されてきた。また「要塞地帯法」においては禁止する場所や行為等は何かを条文に明示していた。しかし本法には明確な記載はなく際限なく広げられる。

なお、本法の立法事実となる発端は一部自治体などで自衛隊基地周辺の土地を外国資本が買収したことを一部メディアや政治家が具体的根拠もなく「有事の際の妨害工作の拠点になる。」などと脅威をあおってきたことである。本法は自衛隊や米軍基地等の周辺の土地を外国資本が取得してその機能を阻害すること等の防止が目的とされている。そのような土地取得等により重要施設の機能が阻害された事実がないことは政府、防衛省も認めており、そもそも立法事実の存在について疑問がある。

以上のことから、名護市議会は名護市民の生命・財産及び日本国憲法に保障される基本的人権を守る立場から下記の事項について強く求める。

記

1 重要施設周辺及び国境離島等における土地等の利用状況の調査及び利用の規制等に関する法律を即時廃止すること。

以上、地方自治法第99条の規定により、意見書を提出する。

北海道旭川市議会（令和3年6月23日）

土地利用規制法を施行することなく、更なる検討を求める意見書

いわゆる土地利用規制法が6月16日、参議院で可決、成立した。この法は、政府が安全保障上重要とする全国の米軍・自衛隊施設などの周辺と国境離島等に暮らす全住民を監視対象にし、土地・建物の利用を中止させることを可能にするものである。

法によると、内閣総理大臣は、米軍や自衛隊の施設、海上保安庁の施設、原発など「重要施設」の周囲約1キロメートルと国境離島等を「注視区域」に指定し、その区域内の土地・建物の所有者や賃借人など全ての住民を調査することができる。その結果、「重要施設」や国境離島等の「機能を阻害する行為」やその「明らかなおそれ」があれば、利用中止の勧告・命令を行うことができる。さらに、「注視区域」のうち特に重要とみなすものは「特別注視区域」

に指定し、その区域内の一定面積以上の土地・建物の売買に事前の届出を義務付けるというものである。

この法の重大な問題は、どこで誰をどのように調査・規制するのかという核心部分を全て政府に白紙委任していることである。「注視区域」や「特別注視区域」をどういう基準で指定するのか、「重要施設」や国境離島等の「機能を阻害する行為」やその「明らかなおそれ」をどう判断するのか、住民にどのような調査・規制を行うのか具体的なことは法に全く書かれておらず、政府の裁量任せである。

このことにより、調査の範囲が住民の職歴や思想信条、家族・交友関係にまで広がるおそれや、沖縄県の辺野古新基地建設に抗議する座り込みなどの活動も規制の対象になる危険性がある。

よって、国においては、同法を一定期間施行することなく、その間において更なる検討を行うことを強く求める。

以上，地方自治法第99条の規定により意見書を提出する。

馬奈木厳太郎（まなぎ・いずたろう）

弁護士。1975年生。大学専任講師（憲法学）を経て現職。福島第一原発事故の被害救済訴訟（生業訴訟）に携わるほか、演劇界・映画界の #Me Too やパワハラ問題も取り組む。著書（共同執筆）に、『あなたの福島原発訴訟』（かもがわ出版、2014年）など。

土地規制法を廃止にする全国自治体議員団

2021年6月7日に緊急声明を発表。馬奈木弁護士と共に記者会見を行い、多くのメディアに注目される。市民団体や国会議員と連携を計りながら廃止に向けた活動を継続している。地域と党派を越えた自治体議員のプラットホーム的役割を担っている。

・ツイッターアカウント　https//twitter/jyuyohaianjp

〈徹底検証〉住民・市民を監視する土地規制法

2021年11月16日　第1刷発行

著　者　ⓒ馬奈木厳太郎、土地規制法を廃止にする全国自治体議員団
発行者　竹村正治
発行所　株式会社　かもがわ出版
〒602-8119　京都市上京区堀川通出水西入
TEL 075-432-2868 FAX 075-432-2869
振替　01010-5-12436
ホームページ　http://www.kamogawa.co.jp
印刷所　シナノ書籍印刷株式会社

ISBN978-4-7803-1193-8　C0036